여름, 연루

여름, 연루

권누리
마윤지
박은지
윤은성
윤지양
정재율
한연희
희음

시인의 말

보고 있다고 말해도 괜찮을까
차를 타고 전진하는 너는 북향과 북동향으로 갈라졌다
우리가 목격한 사랑에 대해 속삭이며
곧 집에 갈 수 있겠다고 했다

우리가 살고 있었잖아
노래를 부르고 자꾸 소식을 보냈지, 싸움을 이어갔지
나의 일로만 실컷 슬퍼할 수 있는 곳
어리고 여린 것을 지키고 싶은 마음으로

정재율
윤지양
박은지
마윤지

희음
윤은성
권누리
한연희

목차

박은지
아주 작은 목격   12
별일   13
사라져야 생기는 기록   16
반투명   17

잇는 편지: 박은지에게 정재율이
오월이면 초록, 칠월이면 푸른   18

정재율
공원의 좋은 풍경   24
트레일   26
탐조   29
증식하는 빛   32

잇는 편지: 정재율에게 한연희가
"누군가를 잃어본 적 있는 사람", 도요새 님께   36

한연희
도래   42
귀 빠진 날   43
제한구역 알림   46
곧은바람   50

잇는 편지: 한연희에게 윤은성이
생명을 불러들이는 슬픔의 주문을 외우며,   54

윤은성
프레임 안팎의 베크렐   62
여행의 슬픔과 기쁨   67
기후 시 아님   71
푸르다 — 적응 아님   75

잇는 편지: 윤은성에게 윤지양이
다시 만나기   80

윤지양
미소새   86
구와 멍   88
북–북동향으로   90
육지 이후   93

잇는 편지: 윤지양에게 마윤지가
지나친 세계와 지워진 세계   96

마윤지
은지랑 연희랑   102
보름   103
확대경   105
사라지는 숲   106

잇는 편지: 마윤지에게 희음이
생각하는 다문 입술의   108

희음
반딧불이 쪽으로 114
우는, 맴도는 119
강변에 살자 122
끓는 얼음골 123

잇는 편지: 희음에게 권누리가
이상한 곳에서 쓴 편지 128

권누리
습지 일기 134
동티 — 손 없는 날 136
집다운 집 138
소음 지도 140

잇는 편지: 권누리에게 박은지가
세상 꽉 껴안기 142

나가며, 잇는 148
후원자 목록 154

일러두기

- 시인의 말은 각 시인의 시에서 각자 한 구절씩을 따 온 뒤, 섞어 배치한 것입니다.
- 한 시인의 시가 끝날 때 놓이는 '잇는 편지'는 제비뽑기로 정한 자신의 마니또에게 각 시인이 쓰는 편지글입니다.
- 시집의 순서는 다음과 같습니다. 한 시인의 시 네 편이 놓이고, 그 시인에 대한 '잇는 편지'가 놓이며, 해당 '잇는 편지'를 쓴 이의 시가 바로 다음에 놓입니다. 이 방식이 되풀이되며 이어집니다.

박은지

아주 작은 목격

바람은 여름 잎을 흔들고
이름 모를 새가 깃을 다듬고 있었다
밤이 깊어질 때 숲이 들려준 소리

우리도 조심스레
부드러운 흙과 이끼, 마른 잎과 축축한 잎, 길벌레를 밟고
굵은 나무뿌리와 잔가지를 밟고 때로는 꺾으며
숲에 인사를 건넸다

짙은 초록을 살피며 풀내를 맡기도 하다가
숲이 열어준 어둠 속에서

아주 작은 빛을 보았다
아주 작은 빛이 날고 있었다
아주 작은 빛이 사랑하고 있었다

어쩌면 아주 작은 신

목격은 가능성이다
사랑은 사라지지 않고 사라질 수 없지

발목에 스치는 뭇풀
우리는 서로의 발밑을 살피며
왱왱 작은 벌레를 향해 손을 저었고
조용히 떨었다
우리가 목격한 사랑에 대해 속삭이며

별일

언니는 별일 안 해도
세상이 사랑해주는 사주야
정말? 나 너무 기뻐

나를 사랑하는 세상

지붕을 잃은 숲은 타오른다
쉽고 빠르게
새는 섬을 향해 날아간다
어쩌면 저 섬도 곧 사라질 것
인간이 날기 위해 짓기 위해 부수기 위해
새는 착지를 잃었다
사라진 착지를 찾아 새는 계속 날고 있다
아주 오래 날 것이다
인간은 날개가 없으니까
대신 두 다리로 헤엄을 친다
작고 하얀 돌이 모여 있는 해변에서
아이들은 웃고 떠들고 해수욕을 하고 곁에선
낡고 하얀 건물이 전기를 만든다 그곳에서 흘러나온 물은
아이들의 두 다리를 맴돌고
전기는 아이들이 뛰어갈 수 있는 곳을
훌쩍
훌쩍
뛰어넘어

내게로 온다

나를 사랑하는 세상
나는 튼튼한 지붕 아래 불을 켠 채 잠든다
날아가는 꿈도 꾼다

언니 일어나
언니는 날개가 없잖아
맞아, 나는 날개가 없다
세상을 망가뜨릴까 무서워
그럼 언니도 사랑하면 되잖아

내가 사랑하는 세상

숲 지붕 아래
축축하고 넓은 잎을 가진 풀과
둘이 팔을 뻗어 껴안아도 다 안을 수 없는 나무가 함께 자라고
동백나무는 빛의 도착을 늦춘다
죽은 나무에 집을 지은 딱따구리는 파도처럼 날아간다
봄의 습지에선 청다리도요가 부리로 툭 작은 게를 잡아먹고
저 어새는 깊은 잠에 빠질 것
낡고 하얀 건물은 이제 전기를 만들지 않는다
아이들은 여전히 웃고 떠들고 해수욕을 하고
별일 없이 보내는 날들
바다를 메우지 않고 숲을 파헤치지 않고 강을 막지 않고

그러니까

별일 하지 않아야 사랑할 수 있는 세상
내가 사랑하는 세상

불을 끄고 잠에 든다
새로 알게 된 새 이름을 되뇐다
잃어버리지 않는 꿈을 꾼다

사라져야 생기는 기록

여름에 태어난 아이는 이제
뱀을 안다
책을 읽고 사랑을 만든다

뱀은 구멍을 만든다
이름 모를 움직임이 숨어든다

반듯하고 매끄러운 길을 걷는 아이
잎이 떨어지고 겉껍질을 잃은 나무

뱀은 구불구불한 뿌리 주변을 맴돈다

아이는 평평하고 깨끗한 흙 위에 돗자리를 펴고 앉는다
도시락 뚜껑을 스스로 열고 기뻐한다

고요히 흰색으로 변하는 나무들
아무도 모르게 사라지는 이름 모를 움직임들

아이는 공주와 왕자를 결혼시킬 물약을 만들다가 흙에 쏟는다

뿌리는 이제 젖지 않는다

기록이 점점 사나워지고 있다
사나워져야 생기는 기록이 있다

반투명

오월이면 초록은
여름이 오는 길을 닦고
바람을 따라 흔들린다
주저 없이

새들은 봄을 내려놓고
밤 없는 여름을 향해 날아간다

돌아올 거야

마른 초록과 깃털로 만든 둥지
어린 새도 함께 돌아올 거야
내가 좋아하는 너의 믿음

그 믿음에 발을 담그고
어린 새의 날갯짓에 관해 이야기하다가

코우-리, 코우-리
흉내 내보다가

새의 소리도 나의 소리도 너의 소리도 아닌 소리가
희미하게 자라난다

오월이면 초록, 칠월이면 푸른
— 은지에게

정재율

맑고 푸른 칠월입니다. 동시에 무서울 정도로 무척 더운 여름이고요. 칠월엔 '작은 더위'라고 불리는 '소서'가 있습니다. 본격적으로 더위가 시작되는 날이지요. 올해는 유독 장마가 길다는 소식이 있었는데 예상과는 다르게 더 빨리 끝나버린 느낌입니다. 이러다가 또 예상치 못하게 비가 쏟아져 내리겠지요? 해마다 여름을 보내고 있지만 이상하게도 여름엔 아쉬운 것들이 한가득인 것 같습니다. 은지, 혹시 놓치고 싶지 않은 여름의 장면이 있나요? 저는 비를 좋아합니다. 누군가에게 위협이 되지 않을 정도로 내리는 비를요. 저희 집 건너편 옥상엔 아주 큰 나무 한 그루가 있습니다. 창문 너머로 하루에도 몇 번씩 나뭇잎이 흔들리는 걸 쳐다보곤 하지요. 특히 비가 오는 날엔 더요. 제가 본 풍경은 여름에 유독 더 빛나고 아름다운 느낌입니다. 어떤가요? 은지의 여름은 푸르고 빛나고 아름다운 것들로 가득한가요?

화성습지에 가기 전, 너무 아름다워서 오히려 이상한 기분이 든다고 말한 적 있었지요. 그 말은 정말 정확했습니다. 화성에 도착하자마자 너무 아름다워서 이루 말할 수 없는 이상한 기분에 휩싸였거든요. 화성습지에서 우리는 정말 다양한 도요물떼새들을 보았지요. 망원경을 통해 아주 멀리 있는 새들을, 쉴 곳이 사라져 착지하지 못하고 계속 주위를 맴도는 새들을요. 그날 바람이 참 많이 불었던 걸로 기억합니다. 추위 속에서 그저 새를 더 보기 위해 우리는 망원경 앞으로 가고 또 갔지요. 침묵 속에서 새가 우는 소리를 듣다가 또 바람이 부는 소리를 듣다가 한참을 머물러 있다가 다시 돌아왔지요.

그런가 하면 침묵하고는 정반대인 매향리도 함께 다녀왔습니다. 그곳은 미국 폭격 훈련으로 피해를 본 마을 주민들이 있는 곳이었지요. 전시해놓은 미사일과

총알만 봐도 엄청난 굉음과 섬광이 지나쳐 가는
듯했습니다. 우리가 도요물떼새들을 보았던 근처에
수많은 포탄이 떨어졌다는 사실도 믿기지 않았고요.
무슨 일인지 그날따라 매향리 주변엔 경비행기들이 많이
지나다녔습니다. 머리 위로 무언가가 지나다닌다는 게 참
무섭게 느껴지는 순간이었지요. 소리가 나는 곳을 따라
왼쪽으로, 또 오른쪽으로 하늘을 올려다보았고, 하늘은
구름 한 점 없이 맑고 푸르렀습니다.

   올 초여름엔 부산 가덕도와 경주 월성원전에 함께
다녀왔지요. 저는 그중에서도 가덕도 국수봉이 가장
기억에 남습니다. 우리는 동백군락지와 소사나무군락지를
보기 위해 산행을 해야 했지요. 본의 아니게 산행
메이트였던지라 은지의 뒷모습을 가장 많이 본 사람은
제가 아닐까 싶습니다. 어찌나 성큼성큼 걸어 나가던지요.
이제 와서 솔직하게 이야기하는 거지만 조금 따라가기가
벅찼습니다. 한번은 가던 길을 멈추고 주위를 둘러본 후
긴 나뭇가지 하나를 구해왔지요. 마치 그 모습은 뭐랄까요.
게임 속 한 캐릭터가 퀘스트를 깨기 위해 아이템을 주워
성큼성큼 나아가는 모습이었달까요. 어떤 믿음이 굳건하게
존재하는 것처럼 말이에요. 덕분에 저 또한 한 치의 의심도
없이 그 믿음을 따라 묵묵히 걸어갈 수 있었습니다. 좁고
험한 길을 따라 잎이 뾰족한 넝쿨을 지나 빽빽하게 자리
잡은 동백나무들을 지나서 우리는 몇 개의 발자국과
선명하게 그어진 바퀴 자국을 보고 해가 지는 것까지 함께
보았지요.

   산행하는 내내 궁금해진 게 하나 있었습니다. 은지는
지금 무엇을 보고, 어떤 마음으로 앞을 향해 나아가는
걸까. 시에 등장하는 "아주 작은 빛"(「아주 작은 목격」)을
떠올려봅니다. 그런 순간들이 있지요. 영원히 이 장면을

잊지 못할 것 같은 순간. "아주 작은 빛"은 곧 "아주 작은 신"(「아주 작은 목격」)이 됩니다. 시에서 말한 것처럼 우리는 "아주 작은 신"을 함께 목격했을지도 모르겠습니다. 목격은 그 자체만으로도 힘이 있지요. 가능성이라는 건 미래를 뜻하기도 하고요. 언젠가 나중에 우리가 목격한 "아주 작은 신"에 대해 이야기할 날도 오겠지요. 그런 순간을 떠올리면 그것만으로도 조금 위안이 되기도 합니다. 어둠 속에서 나타난 반딧불이를 보고 이게 바로 '시'가 아니면 무엇이겠냐고 은지가 말한 적 있었지요. 저는 그 말을 한 은지의 표정을 영원히 잊을 수 없을 것 같습니다.

　타오르지 않은 숲, 사라지지 않는 섬, 착지를 잃지 않은 새, 아이들이 웃고 떠들 수 있는 해변, 원전으로부터 위험하지 않은 세상. 요즘엔 '세상'이라는 말을 계속 곱씹어봅니다. '세상'은 사람이 살고 있는 모든 사회, 사람이 태어나서 죽을 때까지의 기간을 말하지요. 이렇게 보니 사회가 아니라 사회를 이루고 있는 사람들, 더 정확히는 사회를 위해 밀려날 수밖에 없었던 사람들, 그럼에도 불구하고 그들이 지키고자 노력하는 대상들을 곱씹어보는 것 같습니다.

　편지를 쓰는 와중에도 땀이 주르륵 흘러내리는 여전히 더운 여름입니다. 여전히 흔들리는 풍경을 보고 있고요. 종종 비가 오지 않거나 잠이 오지 않을 때면 숲에서 들리는 빗소리와 바람 소리를 배경 음악처럼 틀어놓곤 합니다. 잠이 오지 않아서 불안한 건지, 불안해서 잠이 오지 않는 건지 헷갈릴 때가 대부분입니다. 가만히 소리에 집중하다 보면 조금씩 더위가 사라지는 것 같고 저는 다시 침묵 속으로 들어가 잠을 청해봅니다. 꿈에서라면 우리가 목격한 그 무엇도 놓치지 않을까 싶어서요.

　편지라는 게 참 신기합니다. 타인에게 전하는 말

같기도 하지만 어쩐지 저에게 전하는 말 같기도 하네요.
요즘 들어 이렇게 더운 날엔 자연스레 숲을 떠올려봅니다.
건너편 옥상에 있는 나무 한 그루가 아니라 더 많은 나무와
더 울창한 숲을요. 우리가 함께 목격한 세상에는 기쁨보단
슬픔이, 즐거움보단 분노와 상실감이 더 컸습니다. 여러
복잡한 마음을 정리하느라 부단히 애쓰고 있겠지요?
무언가에 좀처럼 확신하기 어려운 나날들이지만
"오월이면 초록"(「반투명」) 칠월이면 푸른, 분명한 것들도
있습니다. 어쩐지 어린 새처럼 "코우-리, 코우-리 흉내 내"
(「반투명」)고 싶은, 작게 읊조리고 싶은 나날들입니다.
    복잡한 세상 속에서, 또 아쉬운 것들이 한가득인
세상 속에서 세게 움켜쥐고 있던 감정이 있다면 잘
보듬어주시길. 은지의 여름밤은 푸르고 빛나고 아름다운
것들로 가득하길 진심으로 바랍니다.

    2025년 맑고 푸른 칠월,
    애정을 담아 재율이가.

정재율

공원의 좋은 풍경

새가 날아간다

사람들은 종종 연못에 동전을 넣고 기도를 드린다
아주 짧게

중얼거리는 사람들 옆으로
장난감을 잃어버린 아이가 있고 두리번거리며 무언가를 찾는 어른도 있다

이상하다 분명 이곳에 있었는데

그런 말을 하며 바닥에 엎드려 있는 사람
그 옆으로 자전거 몇 대가 지나가고

안전모를 착용했을 때 사망할 확률은 3배나 감소한다고 한다

유리창에 부딪혀 죽는 새는 연간 팔백 마리라고
그것을 글래스 킬이라고 부른다

새로운 단어를 알게 되면 잠시 새롭게 태어나는 것 같다

가만히
손바닥 위로 올라온 빛을 한참 동안 바라본다

쥐었다가

다시 펴보았다가

반복하는 동안

이곳에선 함부로 모이를 주면 안 된다고
누군가가 공원의 좋은 풍경을 다 망치고 있다
외치고

나는 연못에 있는 오래된 동상처럼
의자에 앉아 새의 뒷모습을 바라본다

무언가 사라지더라도
여전히 등 뒤로 동전을 건져 내는 사람들이 있다

공원에 있는 것들은
어쩌면 너무 투명해서 보이지 않는 유리창을 매일
투과하고 있는 것일지도
모르겠다는 생각이

날아간다

새가 있던 자리에
나무 한 그루가 조용히 흔들리고 있다

트레일

앞 사람의 음악 소리를 따라
걸어 올라가다가

한동안 숲에 오지 않는 사람들을 떠올리다가

나뭇잎 사이로
아주 길고 선명히

떨어지는 빛을 보다가

어디까지 올라갈 수 있을까 질문하다가

고여 있는 물
두 손에 가득 담아보다가

나무 뒤에서 누군가 숨죽여 우는 소리를

어어 거기 들어가시면 안 돼요
위험하다고 말리는 소리도 듣다가

죽은 이를 묻어두었던 곳
다시 한번 파헤쳐서 두 번 죽이는 걸 보다가*

무덤과 무덤 사이를 오가는 영혼들
쓰러진 나무

숲에서 외치는 소리가 어디까지 퍼져나갈 수 있을까

내뱉어보다가

더 크게
내뱉어보다가

젖은 수풀 젖은 나무 사이로
미래의 내 아이를 그려보다가

그 무엇도 손대지 않아야 숲이 완성된다는 사실을
전해주어야겠다고 다짐하다가

나뭇잎 하나가 천천히 떨어지는 것을 보다가
얼굴에 달라붙은 슬픔 조금씩 떼어내다가

무수히 겹쳐지는 손

이제 정말 내려가야 해요 더는 올라갈 수 없어요
한 영혼이 말하는 소리를 듣다가

함께 걸었던 사람들의 표정을 하나둘씩
떠올려보다가

여름이나 겨울 같은
미래의 내 아이의 이름을 지어보면서

멈출 수 없는

환한 뒤통수 쓰다듬어보다가
쓰다듬어보다가

* 가덕도 국수봉을 지나면서, 남은 묘를 모두 이장하라는 팻말을 보았다. 이미 죽은 자들의 묘를 다시 파헤쳐 다른 곳으로 옮기라는 것은 그들이 살았던 곳을 지우는 행위이자 그들을 두 번 죽이는 행위라고 생각했다.

탐조

   도요새를 보았다 습지나 하구가 아닌 어느 골목 한
모퉁이에서 깃털이 빳빳하게 마른 도요새를 아무리
생각해도 여기 있을 만한 곳이 아닌데 도요새는 검고
긴 다리를 내디디며 걷고 있었고

   내가 사랑했던 사람은 새를 사랑했던 사람 천변에서
마주치는 새의 이름을 다 알고 있었고 그는 지금
이곳에 없지만 오랜만에 전화를 걸어 그동안 어떻게
지냈느냐고 나는 지금 도요새를 보고 있다고 말해도
괜찮을까

   무리를 이루고 있는 도요새들 사이에서 꼬리가
검은색이면 흑꼬리도요 부리가 위로 굽어 있으면
큰뒷부리도요 발이 붉으면 붉은발도요라고 그가
알려준 직관적이고 사실적인 이름들을 떠올리다가

   모퉁이를 돌면 바로 보이는 집에서

   갑자기 그가 문을 열고 나타난다고 해도
이상할 것 하나 없는

   도요새를 보았고 그가 해주었던 말에 따르면
내가 지금 보고 있는 도요새는 꼬리가 잿빛인
흑꼬리도요일 것이다 목 뒤에 갈색 얼룩무늬가 있는
접시 모양으로 둥지를 만드는 도요새 섬을 사랑하고
사람을 무서워하는

그는 누군가를 잃어본 적이 있는 사람이었고 그래서 사람보다 새를 더 사랑했던 사람 어느 날 그는 집으로 돌아가는 길에 새의 집이 점점 사라지고 있다고 말한 적 있었고 그는 지금 어디에 있으려나

머리 위로 조금씩
물이 떨어지기 시작했고

흑꼬리도요가 걸음을 멈추면 나도 걸음을 멈추었고
흑꼬리도요가 앞으로 가면 나도 앞으로 걸어갔다
길고 뾰족한 부리로 조금씩 땅을 찌르며 골목
안쪽으로 더 깊게 들어가보는

도요새마다 각자 우는 소리가 다르다고

그래서 그는 누구보다 침묵할 줄 아는 사람 지켜야 할 게 무엇인지 분명하게 아는 사람이었고 나는 그가 사랑했던 모든 것들을 지키고 싶었는데

바닥에 떨어져 있던 열매 하나를 입에 문 채
흑꼬리도요는

검게

더 검게

골목을 칠하면서

나는 그가 오랫동안 새를 관찰했던 것처럼
흑꼬리도요의 울음소리를 숨죽여 들어보았다 언제든
새의 이름을 부를 수만 있다면 좋겠다고 생각한

　검은 물 뚝뚝 흘리며 사라져가는

증식하는 빛*

어둠을 뚫고 나아가는 한 사람이 있었고
그의 뒤를 따라 산행을 하는 사람들도 있었다

그는 숲 안쪽으로 더 깊게 들어가면
아주 작고 아름다운

생명체를 볼 수 있을 것이라고

숲에서는 아주 작은 소리도 더욱 크게 들렸고
며칠 전 비가 많이 내렸다고 했는데

무서웠을까?

어지럽혀진 수풀 사이로
이런저런 생각을 헤쳐 나가며

  그는 앞에서 먹고사는 일에 대해 사람에 대해 이야기했다
그건 내가 아는 가장 무서운 이야기였고

그가 조심하라고 말하면
나는 조용히 뒷사람에게 조심하라고 전했다

낮에 보던 숲과는 또 완전히 다르지요?
그가 말했고

울창해지는 어둠과

돌고 도는 바람

이쪽 나무에서 저쪽 나무로 옮겨가는
바스락거리는 소리들

혹시 우리를 무서워하진 않을까요? 내가 물었고
그는 대답 대신 걸음을 멈춰서 작은 어둠과 큰 어둠 사이 한가운데를 가리켰다

마치 그가 숨겨두었던 빛을
꺼내 보이기라도 하는 것처럼

천천히 모습을 드러내는

반딧불이 하나 반딧불이 둘
수백 마리의

조금의 기척도 허용하지 않는

아름다움

이토록 선명한 빛을 보라고 이렇게 많은 생명체가 숲속에 있다고
그렇게 말하는 그의 눈이 가장 빛났다는 것을 그는 알까

눈앞에 펼쳐진 고요하고 눈부신 장면 속에서

나는 영원히 머무를 예정이었고

그는 여기서 몇 걸음만 더 가면
빛이 쏟아질 것이라고 했다

그가 내뱉은 아주 작고 아름다운
숨소리를 따라가며

납작하게 붙어 있는 어둠을 하나씩 떼어내며

어때요? 다 같이 어둠을 거두어들이면 하나도
무섭지 않지요?
  그가 여전히 작게 속삭인 채로

* 산행을 안내해주었던 가덕도신공항반대시민행동 김현욱
  활동가에게 영감을 받아 쓴 시.

"누군가를 잃어본 적 있는 사람", 도요새 님께
― 재율에게

한연희

날이 갈수록 더워집니다. 이 불볕더위에 무탈하게
잘 지내시나요? 요즘에는 이런 안부부터 묻는 게
당연해졌네요. 여름이 무척 고통스럽게 다가오고 있으니
말이에요. 이제 기후위기는 어떻게든 적응해 나가야 할
우리의 냉혹한 현실이 되어버렸어요. 최근 본 디스토피아
영화의 결말이 떠오르고 맙니다. 결국 지구에 사는
생명체가 자신의 곁을 잃게 되는 걸 아프게 지켜봐야만
할까요. 잃고 싶지 않은데 말이죠.

    종종 그런 상상을 합니다. 뭘 어떻게 손 쓸 도리없이
모두 죽음에 휩쓸려가는 상상이요. 그건 인간이 마땅히
받아야 할 죄에 대한 벌일 것이니 어쩔 수 없겠지만,
하필 지금 태어난 이유로 그 죗값마저 함께 치를지 모를
생명에겐 너무 가혹한 일 아닐까요. 기후재난 소식을 들을
때마다 자꾸 마음이 아픕니다.

    당신의 「탐조」라는 시에서도 그런 아픔을 느꼈어요.
여러 도요새의 이름을 알려주던 사람이 지금은 사라지고
없다는 걸 통감하면서 시적 화자는 내내 무엇을 지키고
싶어하잖아요. "지켜야 할 게 무엇인지 분명하게 아는" 그
사람 대신에 이제는 자신이 꼭 지켜내고 싶어 하는 마음에
저도 동조되었답니다. 떠나버린 그 사람을 그리워하는
당신도 잃어본 적 있는 사람이 되어버렸으니까요.
행간에서 당신의 그런 안간힘이 느껴져 아프게
와닿았습니다. 그렇지만 당신은 도요새를 오래도록 바라볼
줄 아는 사람, 울음소리를 숨죽여 들어보는 사람이기에,
어떤 풍경 앞에서든 그 풍경 너머를 생각할 줄 아는
시인이란 생각이 들었어요. 그 누구보다 타자를 먼저
들여다보는 이라는 걸 내내 느꼈습니다.

    식물학자 로빈 월 키머러는 자연의 존재를 사람으로
여기는 일이, 세상을 살아가는 전혀 새로운 방법으로

우리를 인도하게 될 것이라 말했어요. 이건 얼마 전 읽은 책에서 밑줄 그은 내용입니다. 요즘 기후, 생태와 관련한 책을 자주 살펴보는 중인데요. 인간이 얼마나 인간 중심적인 사고를 하고 있는가 깨닫게 되더라고요. 아무리 노력하려 해도 인간은 비인간 생물의 시점과 사고방식을 모를 수밖에 없습니다. 미루어 짐작하는 것일 수밖에요. 지금은 이런 짐작과 추측들로 공백을 상상해보기가 제일 필요한 일일지도 모르겠어요. 당신에게서도 이런 이해들이 엿보여서 저는 참 좋습니다. 인간 중심적 시선을 탈피하려는 것으로 보였거든요. 「증식하는 빛」이란 시에서도 수백 마리의 사람이 등장하는 것으로 여겨졌어요. 반딧불이들 역시 사람이고. 숨죽여 바라보는 것마저 혹시 그들에게 무서움을 안기지 않을까, 걱정하는 이도 사람이라서, 화자는 조심조심 애쓰며 이야기하고 있었으니까요. 존중과 배려로 이루어진 관계가 잘 드러난다고 생각했어요.

    그러고 보면 당신은 섬세한 사람 같습니다. 그런 당신임을 눈치챘던 게 언제였을까요. 소곤소곤 수줍게 말을 건네는 당신의 낭독회에서였을까요. 아니면 함께하자고 먼저 선뜻 내민 손을 잡으면서일까요. 당신을 자주 만나지는 못하였어도 이렇게 조금이나마 알 수 있게 되어 다행입니다. 또 우리가 같은 시간을 보낼 수 있음에 고맙기만 합니다. 김현욱 활동가의 도움으로 찾아간 어둠 속 경험은 참 많은 걸 우리가 나눠 가질 수 있게 했으니 말입니다. 혼자가 아닌 우리라는 게 무척 위안이 되는 일이었어요. 좋은 사람과 나누는 경험은 이로운 일임을 다시금 깨닫게 되네요. 감사함은 나누면 나눌수록 좋은 것이 되는 것이겠지요.

    고마워요. 도요새 님. (웬일인지 이제 제겐 '검고

긴 다리를 내디디며 걷는' 도요새의 이미지가 당신 같군요. 정확히는 흑꼬리도요요!) 이 자리를 빌려 마음을 전해보아요.

    그리고 "고요하고 눈부신 장면 속에서" 우리는 "영원히 머무를 예정"(「증식하는 빛」)입니다. 그럼 얼마나 좋을까 생각해요. 이런 아름다움들 속에서 우리가 오래오래 함께 소리 낸다면, 지구를 파괴하는 일이 멈추게 되지 않을까. 자본주의 논리에 얽매여 파멸이란 한 방향으로 향해가는 게 끝나지는 않을까. 이런 낙관이 생겨나는 게 좋은지 나쁜지 생각하고 또 생각해봅니다.

    분명 이전까지 비관들이 저를 지배하고 있었는데 말이죠. 활동가분들의 목소리를 듣고, 화성습지나 경주 월성 핵발전소, 부산 가덕도를 직접 보며 몸으로 겪어보니 조금은 달리 생각하게 되었어요. 인간의 편의와 이익을 위해 만드는 것들이 생태계를 쉽사리 무너트릴 수 있음을 보게 되었잖아요. 그리고 그 파괴 속에는 인간도 포함되리란 걸 몸소 느끼게 된 시간이었어요. 파도처럼 밀려오는 수많은 생각의 고랑들로 정리를 아직 할 수 없었지만, 앞으로의 방향에 대해 힌트를 좀 얻었던 것 같아요. 뭐라 정의 내릴 수도 없고 엉성한 모양새이지만 그것만은 뚜렷하달까요. 내 몫의 삶을 정직하게 일궈 나가는 수밖에 없다는 것이요. 낙관을 저 앞에 두고 뒷걸음치지 말고, 힘을 보탤 수 있는 부분에 보태면서 살아내는 것. 민감하게 반응하며 여러 목소리에 귀를 기울이는 것. 그러니 열심히 감응하는 사람으로 남아보겠다고 마음속으로 여러 번 되뇌었답니다. 폐허 속에서도 살아남는, 버섯이란 생명처럼 말이에요. 그 밖에도 다양한 생명이 그들만의 방식으로 이 현실을 헤쳐 나가겠죠? 인간 또한 이 거대한 그물망 속의 일원이기에 어찌 되었든 영향을 주고받으며 헤쳐 나갈 수밖에요. 그러니 저는 제 그릇만큼의 미래를 향해 펼쳐 받들어보려고요.

당신은 어떤 마음으로 이 여름을 보내고 있을지 문득 궁금해집니다. 아프고 흔들리는 고통의 한복판에 있었을까요. 어느 날 당신의 목소리가 힘이 빠져 있어서 잠시 걱정되기도 했어요. 그럼에도 여느 날들은 당신의 시「공원의 좋은 풍경」마지막 구절처럼 "새가 있던 자리에 나무 한 그루가 조용히 흔들리는" 풍경이 위태로운 쪽이 아니라 부디 평화로운 쪽이었기를 그려봅니다. 앞으로도 그러하기를요.

도요새조차 하나의 이름으로 불리지 않고요, 각기 우는 소리가 다르다는 것을 알아요. 같은 종도 그러한데 다른 종들은 어떤 다양한 모습과 생태적 특징들이 있을지 가늠할 수 없을 것 같네요. 지구라는 생명체에는 다양한 종의 생명이 머물고 가는 것일 테죠. 인간의 시점으로 소유할 수 없는 지구의 모든 것. 사람이 사람을, 잃어본 적 있는 사람이 잃은 사람을, 관심을 기울여 돌보는 게 지금 당장 할 수 있는 일이라 여겨집니다. 원대한 계획 같은 걸 품는 게 아니고요. 그저 곁에 있는 이를 잃지 않게끔 노력해보려고요.

우리는 사람이잖아요. 당신도 저도 지구의 한 일원일 뿐. 그저 저기 산 귀퉁이에 놓인 버섯사람, 이제 막 날갯짓하는 도요새사람으로서 우리 또다시 마주하기로 해요.

사랑과 존경을 담아
재율 곁에 선
연희.

한연희

도래

 여자가, 울었다, 언니가, 나의 언니들이, 습지에서,
제각기, 다른 이유들로, 울고 있었다, 때를, 기다리며,
무엇인지 모를, 거센 기류가, 한꺼번에, 몰려들었지만,
우린, 알 수 없었고, 죽었을까, 멸종이 되어버린
걸까, 목소리가 자주 묻혔고, 왜 거기 있어? 왜
멀리 날아가지 않아? 왜 다시 돌아오고 마는 거야,
상승온난기류, 날갯짓, 퍼덕임, 울부짖는, 여름
소나기, 쉼, 퍼덕거림, 철새들이, 도래하고 있었다,
어떤 위험이 닥쳐도, 도래지에서, 떼를 이루어, 나의
언니들이, 울고 있다, 하고 싶은 꿈들이, 무진장, 끝이
없어서, 새파래지는 얼굴들, 광장으로, 몰려들었다가
흩어진, 얼어붙은 날들 지나, 빼어난 경관 앞, 고요한
듯, 보였으나, 그 안에는, 너무나 많은, 움직임이,
생명이, 눈물이, 응어리가, 속삭임이, 가득해서,
모두 한꺼번에, 터져버릴 것만 같다, 아름다워서,
무서워, 아름다운 것이, 아름다움을 앗아갈까 봐,
자꾸, 말을, 멈추고, 숨을, 참고, 복잡하게 얽혀 있는,
그들만의, 이동 패턴을, 소리 내는 법을, 그 본능을,
흉내 내보면서, 나는, 소리쳐보는 것이다, 살아,
너는, 끝끝내, 이야, 안이야, 그 안으로, 안위를, 끊긴
낱말들을, 이어 붙이며, 도래뼈를 만지작거린다,
언니가, 쇠백로의 이름으로, 가마우지의 이름으로,
저어새의 이름으로, 여자들의 이름으로, 여름을
불러들이고 있었다.

귀빠진 날

  건강한 귀란 어떤 것인가요
  귀의 날인 구월 구일에는 말이지요
  아수라에서 빠져나온 것들에게 기울여 듣느라 말랑말랑해져요

  죽었다가 간신히 태어났기 때문인가요
  뽀그락 뽀그락 숨 쉬는 소리로 우글거려요

  바람이 여간하지 않네요
  거미가 보였던가요 풀밭을 상상했는데 뻘밭으로 도요새가 종종 지나가고요
  칠게가 숨었던가요 이런저런 걱정을 물리치는 일은 만만치 않아요

  마구 엉클어진 머리카락 아래 빨개진 귀가 떨어질 것처럼요
  욱신거렸어요
  덩달아 욱 욱 아파져 오는 심장이 말이지요

  바람이 불어오는 방 안에도 거미 한 마리, 작은 거미 한 마리 자꾸 나타난다고
  젊은 백기행 씨가 서글프게 읊어주던 걸 알고 있어요

  그때나 이때나 변하지 않았습니다

  갯지렁이가 들락거리는 갯벌 수라에선

울고불고할 이 작은 것들이 나를 무서우이 달아나버리기 일쑤라고요

서럽게 울며 떠난 생명이 책에 이름으로만 남았습니다

이것의 엄마와 언니와 어린 자식까지 싹 쓸어버리는 저 포크레인과 덤프트럭

다 죽어버리면 어떡하나 어떡하나

나라 걱정에 밤 지새운 백기행 씨가 시를 옮겨 적은 날일지 몰라요
구월 구일에는
그 시를 읊으며 욱신거리는 귀와 심장을 진정시키려는 듯

어떻게든 최선의 맺음말로 고쳐보는 것입니다

수라를 알고 계시나요?
싸움을 좋아하는 귀신을 뜻하는 수라
궁중에서 임금께 올리는 진지인 수라
비단에 새긴 수라는 뜻인 남수라 마을 옆 지키고픈 수라
가을부터 날아와 겨울을 나는 논병아릿과 철새 수라
북방 시인의 아름다운 시 수라

어리고 여린 것을 지키고 싶은 마음으로
싸우자 싸우자 싸우자
수라 수라 아수라발발타
내뱉는 것을 받아 적고 있습니다
백기행 씨나 저나 혹은 누구든지요
그래야만 마땅한 날이니까요

제한구역 알림*

햇볕은 뜨겁고 어디선가 붕붕 호박벌 소리
벌써 여름 초입 정오쯤

어이, 거기! 녹색 모자.
사진 촬영은 불법입니다.
바닷가 근처를 둘러싼 녹색 펜스 앞에서
보안 경비원에게 붙잡혔습니다

연루되었다는 걸 문득 알아챕니다

내 이야기가 되기도 하고
네 이야기가 되기도 하는
녹색이란, 안전장치가 되기도 하고, 정치가 되기도 하고
제한구역 상징이 될 수도 있구나 반문하면서

옥탑방의 불완전한 가벽에 내내 붙어 지내던
옛날의 나에게 지금의 내가
어이, 거기!
정신 좀 놓치지 마.

자주 정전이 되는 것에 불평했던 기억을
헤집어놓습니다

발밑에 모래는 연신 서걱거리고
밀칠 때마다 드러나는 얄팍한 죄의식
마냥 어쩔 줄 모르겠습니다

발전소 바로 옆 모래톱
삼중수소라는 물질에 관해 전해 듣다가
그것과는 너무나 어울리지 않는
새까맣게 그을린 아이들의 환한 웃음소리

　괜찮니, 괜찮을까, 괜찮을 거야, 괜찮아지겠지,
괜찮아야지, 안 괜찮으면,
　그럼 어떻게 할까 싶어

　경계선 안쪽을 침범하고선
　밥을 해 먹고 낚시나 책을 읽으며 일광욕을 즐기는 휴가객들에게
　녹색 모자를 벗으며 안녕을 건넵니다

　연루된 것들이 모여들어요
　원전마을 옆 과수원 옆 사과나무 옆 길고양이 옆 갑상선 암을 앓는 이웃 옆 곤달비 옆 상여 옆 쇠제비갈매기 옆 가자미 옆 상괭이 옆 불가사리청각

　모두 산목숨이면서, 살고 싶은 사람이면서, 살아야 하는 이유란 점에서
　여럿인 동시에 하나인 거대한 머리

　녹색 모자를 푹 씌워주겠습니다

　그럼 머리는 바깥과 안으로 나뉠 테고

어이 거기 머리, 비켜 서, 불법이라고!
경비원의 경고에도
연루된 머리를 떼어낼 수 없으니
지구와는 결코 떨어질 수 없으니

이 수상한 표지판 아래 서서
거짓말 같은 진짜 이야기는 가짜가 될 수도 있겠습니다
그러나
사람이
바다오리가
밀물이
재난이
멀어졌다
다가오는 것을
내버려둘 수만 없어서

누군가
이제 정신착란은 그만!
표지판을 뽑았습니다

녹색이 자라납니다
야생풀을 이루는 것에도 수소라는 원소가
녹색 아래 전혀 다른 녹색이
맹렬하게 선명해지는 것을
숨죽여 지켜봅니다
공모자가 됩니다

* "본 지역은 원자력안전법 제 89조에 따라 제한구역(EAB)으로 설정된 지역으로 일반인 출입 및 거주를 통제하는 지역입니다."
 - 월성원자력본부장 -

곧은바람*

골짜기를 통과하는 바람은 자주 구겨지고
바람과 바람이 맞닿아 부딪쳐 구르며 깎여나간다
그게 이 산의 뼈대와 같아
강물과 바다가 만나 휘몰아치는 경계선에서
바람이 먼저 보개산을 일으켜 세워 섬을
만들었다**
그게 이 섬의 비밀인지라
때마다 쳐들어오는 군사들을 피해
숨 고르며 바람을 나무에 매달아
숲은 동백을 피워 냈다
그게 이 숲의 바람이어서
이끼와 덩굴 소서나무 반딧불이 청설모 고라니와
더불어
두두리***는 오래 이 터를 지켜내고자 했다
섬에 사는 사람은
산에 다녀가는 사람은
그에 기대어 살면서 먹고 죽고 살다 다시 죽으며
역사와 유물을 이뤄 내거나
바람을 맞으며
어떤 바람을 품었더랬다
여긴 침략 속에서도 빛을 지켜낼 줄 알지
어떤 억압 속에서도 뿌리를 내릴 줄 알지
그런 목소리를 들을 줄 알았다
그런 뒤척임을 눈치챌 줄 알았다
그러니까 우듬지를 우러러 바라보는 사람은
나무 기둥에 살포시 손을 얹은 사람은
좁다란 길가에 핀 들꽃을 밟지 않으려는 사람은

한밤중 반딧불이의 반짝임에 경탄하며 눈물 흘리는 그이는
　삼삼오오 모여 앉아서
　그게 뭔지 알아차리려 했다
　이 숲은 사람과 다르지 않아
　이 섬은 사람과 다르지 않아
　사람도 이 바람의 뼈대인 거야
　파괴와 절망 쪽이 아닌
　반딧불이 애타게 찾는 짝
　그 빛 쪽으로
　사람과 사람이 깨금발로도 이어져가기를
　그렇게 바라는 거야

　그럼에도
　그 밤에 사람은
　나뭇잎과 풀벌레들이 수런거리는 소리에
　잠시 귀 기울이다
　그만 놓쳐버리기 일쑤였다
　깜빡깜빡 깜빡 깜빡
　기억이
　빛이
　희미해졌다가
　영영 잃어버리는 줄 알았는데
　일몰 후에도 이마에 남아 맴도는
　보라색 하늘 구름 수풀 그림자 어둠
　그게 섬의 예언 같아
　사라지지 않으리란 믿음으로

사람 어깨를 바투 잡을 수 있었다
어떤 바람은

---

*　서쪽에서 불어오는 바람의 경상도 방언.
**"가덕도는 보개산이 바다 가운데 침몰되었다가 다시 솟아서
　이루어졌다는 전설이 있는 부산 최대의 섬이다."
　— 한국관광공사 〈대한민국 구석구석〉, korean.visitkorea.or.kr
*** 도깨비의 원형으로 간주되는 옛말.

생명을 불러들이는 슬픔의 주문을 외우며,
— 연희 언니에게

윤은성

주황호사비오리, 연희 언니!

　와. 어색하다. 주황호사비오리라니! 우리가 우연히 얻게 된 각자의 별명을 써보자는 마음으로 불러보았는데, 이렇게 불리니 어떤 기분이야? 언니, 이 글에서 언니라고도 불러도 되겠지?

　근사한 별명을 받고 언니는 단체 카톡방에 마음에 든다고 적은 적 있지. 사실 부러웠어…. 나는 빨강 얼룩말이야. 이것도 멋져. 언니를 만나러 갈 땐 빨간 줄무늬 옷을 한번 입어볼까 해. 언니는 주황색 모자를 쓰고 와주겠어? 물론 언니의 그 초록색 모자도 너무 좋아.

　언니가 주황색 모자를 쓰고 온다면, 실제로는 없는 종인 주황호사비오리를 상상하면서, 우리가 시를 쓰는 사람들이란 것에, 호사비오리라는 희귀한 철새와 이렇게 엉뚱하게 연결될 수도 있다는 것에 즐거워할 수 있겠지. 언니 시에서 자주 내가 느꼈듯이 어쩐지 진중하고 엉뚱하고 슬프고 든든할 것 같은 주황호사비오리를 상상해봐. 언니의 시집인 『희귀종눈물귀신버섯』이 혹시 주황색 버섯은 아닐까 상상도 해보게 돼. (언니가 상상하는 버섯들은 제각각 서로 다른 색깔로 알록달록할 것 같다!)

　또 만약 언니가 나를 만나러 올 때 초록색 모자를 쓰고 나온다면, 우리를 포함해 동료들과 함께 보냈던 기후생태 현안 현장 탐방 시간도 다시 떠올리고, 또 월성 핵발전소 앞 나아해변에서 마주쳤던 사건도 다시 떠올릴 수 있겠지. "어이, 거기! 녹색 모자./ 사진 촬영은 불법입니다."(「제한구역 알림」)라는 말을 들어야 했던 그날 말이야. 우린 가덕도에서 신공항 건설이 된다면 파괴될 국수봉에 올랐고, 함께 지는 해를 보았지. 간만에 승합차를 타고 다니면서 어쩐지 학창 시절로 돌아간 기분도 느꼈는데. 그리곤 경주 월성리 나아해변에서는 마을 인근에 세워진 거대한 핵발전소 총 여섯 기를 보았고, 또 그 앞바다와 잘 조성된 공원에서 피서 중이던 사람들을 보았지. 그 대조적인 풍경 앞에서 아연실색하던 중이었는데. 경비 담당자가 다가와 콕 집어 녹색 모자를 쓴 언니를 불렀을 때 어떤 기분이었어?

난 그때 언니보다 좀 더 앞서 걷고 있었기 때문에 뒤에서 구체적으로 어떤 일이 일어났는지는 나중에야 알았어. 먼발치에서야 겨우 지금 좀 긴장되는 상황이구나, 어떤 일이 벌어지는 거지? 생각했고. 그렇게 일단락되었지만, 여파가 있었던 것 같아. 직접행동 하면서 투쟁하는 운동가들도 생각났고. 사진 좀 찍었다고 해서 기소되는 건 아닐 테지만 분명 두려움을 느끼기엔 충분한 사건이었던 것 같네. 나는 멀리서 본 것이었더라도 겁이 좀 나더라. 크지 않은 소동이었지만…, 언니는 이후 어떤 걸 느꼈을까?

언니 시 「제한구역 알림」을 보니까 "연루되었다는 걸 문득 알아챕니다"라고 적고 있더라. "내 이야기가 되기도 하고/ 네 이야기가 되기도" 한다고 말이야. 기후위기, 그리고 생태학살이 다른 세상 이야기가 아니라 바로 나의 이야기라는 게 때론 실감 나지 않을 때도 정말 많은데, 평소 이와 같은 연루의 감각이 있었다고 하더라도 콕 집어 *"거기! 녹색 모자."* 라면서 호명되었을 때는 그렇게 불리기 이전과는 또 다른 당사자의 감각이 마음에 아로새겨지지 않았을까 하는 짐작도 해보게 돼.

언니, 이전에 내가 전남녹색연합 활동가로 일할 때 진행했던 온라인 기후생태 책 모임에 참여해준 적 있지. 『적을수록 풍요롭다』(제이슨 히켈), 그리고 『짐을 끄는 짐승들』(수나우라 테일러), 『전기, 밀양-서울』(김영희)을 같이 읽었지. 그때 박은지 시인과 더불어 언니와 함께 그

모임을 해볼 수 있다는 게, 이 김에 말하는 건데 뜻깊고 뿌듯했어. (모임에 실망할까 봐 마음 졸이기도 했어. 하하) 아마 다들, 급속도로 심각해져 가는 기후 상황 앞에서 무언가 알아채면서, 무언가 해야 하지 않을까 하는 생각을 하고 있었던 것 같아. 나는 그때 진행이 너무 서툴렀는데, 그저 같이 힘을 주고받고 있다는 것, 그게 정말 안도감 들고 기쁘더라. 또 평소 갖고 있던 죄책감을 나누는 두 시인을 보면서, 그때 개인적으로는 뭐라도 해보려는 마음들 앞에서 나도 느낀 바가 컸던 것 같아. 언니들 멋져서 괜히 더더더 나 막 부끄럽고 말이야.

    언니의 이번 시들을 읽으며, 언니가 나아해변 모래사장을 걸으며 들었을 생각인 "발밑에 모래는 연신 서걱거리고/ 밀칠 때마다 드러나는 얄팍한 죄의식/ 마냥 어쩔 줄 모르겠습니다"(「제한구역 알림」)라는 구절에 머물렀어. 그리고 "습지에서, (…) 우린, 알 수 없었"지만, "멸종이 되어버린 걸까, (…) 왜 거기 있어? 왜 멀리 날아가지 않아?"라고 묻는 「도래」라는 시를 여러 번 다시 읽었어. 쉼표가 연이어지면서 말들이 지속되는 것을 중단하고 있는 이 시 앞에서 나도 숨을 멈추고, 울음을 터뜨리고 싶었어. 고요한 듯 보이지만 그 안에 "너무나 많은, 움직임이, 생명이, 눈물이, 응어리가, 속삭임이" 가득하다는 것을 언니는 보는 사람이지. 그리곤 새들의 이동 패턴과 "아름다움"을 살피는 사람이고.

    새의 세계를 닮은 언니의 그 시를 보면서, 하지만 자유롭게 멀리 날아가는 게 아니라 자꾸 끊기는 그 죽음 가까이에 있을 법한 새의 세계를 더듬으면서, 하지만 마냥 죽음이 아니라, 생명력을 불러오는 주술로 바꿀 수 있는 힘이기도 할 응축된 어둠을 꾹꾹 눌러 적으면서, 이게 언니가 사용하는 주문이고 기도구나 생각했어.

"숨을, 참고, 복잡하게 얽혀 있는, 그들만의,
이동 패턴을, 소리 내는 법을, 그 본능을, 흉내
내보면서, 나는, 소리쳐보는 것이다, 살아, 너는,
끝끝내, 이야, 안이야, 그 안으로, 안위를, 끊긴
낱말들을, 이어 붙이며, 도래뼈를 만지작거린다,
언니가, 쇠백로의 이름으로, 가마우지의 이름으로,
저어새의 이름으로, 여자들의 이름으로, 여름을
불러들이고 있었다." (「도래」)

나도 이 시를 읽으면, 언니의 시 속 "여자들"과 새들의 이름으로 생명력 넘치는 여름을 불러들이는 데에 함께하고 있다는 생각에 얼마간 벅차오르는 마음이 들어. 어쩌면 당장 내가 할 수 있는 일은 많지 않겠지만, 끊임없이 내가 기후에, 지구에, 지구의 존재들에 연루되어 있다는 그 감각을 상기하며, 물론 지구는 나와 무관하게 자신만의 리듬을 찾아갈 수도 있겠지만, 거대한 폭력 앞에서 어리둥절해하거나 그럴 새도 없이 죽음에 노출된 아슬아슬한 존재들 편에 서는 것. 그것을 함께 하고 있다는 생각에 든든해. 그럼 그냥 이렇게 든든한 마음으로 계속 용감하고 연약하게 살아보면 되겠구나 하는, 겁 없는 마음도 생기고. 아파하며 우는 이 마음들이 "광장으로, 몰려들었다가 흩어지"(「도래」)기도 하는 마음과 다르지 않겠다고도 생각해. "사라지지 않으리란 믿음으로/ 사람 어깨를 바투 잡을 수 있었다/ 어떤 바람은"(「곧은바람」)이라고 쓴 구절처럼, 우리가 시로 쓰고 걸음을 옮기고 마음을 나눈 게, 살아가는 이 모든 게 믿음이기도 하다고 생각해. 언니 시 읽다가 내내 힘이 나. 헛되지 않을 거라고. 믿는 방향으로 다시 힘내볼 수 있을 거라고.

이런 믿음은, 용산 대통령 집무실 앞에서 농성을 매일 벌이고 계신 가덕도신공항반대시민행동의 활동가가 사지가 들려 진압되면서도 계속 나가서 피켓을 드는 그 마음과도 비슷한 것일까? 언니, 계속 어떤 식으로든 같이 해보자. 시, 써줘서 고마워.

빨강얼룩말, 은성이가.

윤은성

프레임 안팎의 베크렐*

한동안 바다가 찍힌 사진을 봤어. 생각에 잠겨 지내.
찾아간 모래사장에는 아이들이 많았고
가족들도 있었지. 그거 알아? 이제 이런 풍경은
내게 익숙하고도 매번
낯설어서
어떻게 새롭게 옮길지
난감한 마음이야.

파랗고 눈이 시려.
겨울의 바다가 지금과
다르지 않을지도 모르겠네.

아직 평안하니.

6월이야.
화창하고 더워.
빛이 있고, 숨이 있고. 소금기 어린 멈춘 공기가
있었어. 걸음들이 있었어. 할 말을 잃고서. 너무
큰 정적이 자꾸 소리를 삼킨단 걸 알았어. 들으려
노력하다가. 울렁이는 마음을 눌러둔 채.
걷고 멈춰서 보았어.

한동안 아이로 돌아가 몸이 따갑도록 놀다가 나와도
좋을 것 같았어. 어쩔 수 없다는 듯 깔깔 웃으며
서로를 해변 밖 바닷물 쪽으로 밀어 내는 장난을
쳐봐도
좋을 것 같았어.

우린 그런 웃음을 정말로 지을 수는 없었지.
그런 장난도 칠 수는 없었어.

우리는 저마다 바다 사진을 찍었고.

나는
내가 그 바다에 속할 수도
속하지 않을 수도 없이
조금쯤 어정쩡한 채로
누군가의 손을 놓아버린 마음으로
죽음에서 나만 살아 돌아온 심정으로
하루를 살아.

개와 함께 산책하고
돌아와 집 안 곳곳의
불을 밝혀.
밝혀둔 채 깜빡
잠이 들었다 깨고.

다시 하루가 시작되면. 사진 속 보이지 않는 곳은
관을 끌고 가는 사람들이 줄지어 선 마을이야.

아이들이 블루베리를 따다가 서로에게 먹여줘.**
관을 끌던 사람들이 집으로 되돌아가고.
가족이 돌아오면
과일과 식사를 권하고 함께 들어.

손님도, 오래 누웠던 반려자도,
잠시 안아본 자손들도,
멀리서 찾아오곤 하는 잘 우는 사람들도,
경청하는 사람들도,

언젠가부터 보이지 않게 된 마을 주민들도.

같은 바다 마을에서
같은 볕과 공기에 싸여서
발이 묶인 채로
관을 끄는 사람 곁에 서서
하늘을 바라봐.
카메라 렌즈를 바라보듯
서로의 눈을 마주쳐.

몸 안 모르는 곳이 속속 망가져 가는데.
보이지 않는 창살 속에
갇혔지.

여기서
살아서 나가는 방법이 없냐고
관을 끌던 사람들이 학자나 공무원을 붙잡고 물으면
같은 대답들이 돌아와.

이곳은 깨끗하고 안전한 곳이라고.

이곳은 깨끗하고 안전한 곳이라고—.

*

저 길 가면
일부러 보여주기 위해 기르고 잡아먹는
물살이들이 있 대.***

갇힌 물살이를 그날의 우리가
만날 수는 없었고.

짙은 파란색 바다 앞으로
우리는 걸었지.

*바다에 몸을 담그고 웃는 게
기이하지 않은 여름을 상상했지—.*

언제 터져도 이상지 않은 몸들이
그림자 끌고서 긴
여름으로 들어가.

들어가.

핵발전소가 줄지어 선 곳 맞은편
바다가 너무 파랗고
시리게 빛났을 때.

* 베크렐(Becquerel), 방사성 물질이 방사선을 방출하는 능력을 나타내는 국제단위. 1베크렐은 1초 동안 1개의 원자핵이 붕괴할 때 방출되는 방사능의 강도를 의미한다.
— 원자력안전위원회 원자력안전규제 용어사전
** 전국 핵발전소 인근 지역 주민과 운동가들을 찾아 인터뷰한 기록집 『싸놓은 똥은 치워야지 않것소』(도서출판말, 2024)에 기록된 황분희 월성원전 인접지역 이주대책위원회 부위원장의 이야기 속 한 장면을 변형함.
*** 환경운동연합 권우현 활동가의 말을 변형함.

여행의 슬픔과 기쁨

마을이
모두 사라지고 없어져버린 꿈을 꿔
내다보면 아직 하늘의 색깔은 변하지 않았는데
그곳의 하늘엔 먼지가 가득했어

섬엔 붉고 푸른 꽃과 잎이
뿌리를 내리고 있었는데
새들이 가지와 꽃에 둘러싸여
별들도 알아듣고 꿈속에 있는 이들도 알아듣는
말을 하고 있었는데

잠깐 뒤척이면
나무와 꽃이 없더라

이런 장면을 상상하면
아파지는 사람이 있다는 걸 아는데
누구보다 슬퍼할 사람이 있다는 걸 아는데

미안해요
너무 아픈 장면으로 시작해서
이런 아리는 마음으로만 호소하는 방법밖에는
몰라서
그래도 이 마음은
당신에게서 전염된 것
서로로부터 배워 온 것

*

    인간의 말을 못 하면
        너덜너덜해져도 되는
사회 틈에서 자랐다

돈으로 바꾸고
더 큰 돈으로 바꾸고
자신들의 것이 아닌 지분을 멋대로 넘기면서
죽음의 지대로 만드는 세상에서 자랐다

그리고 훌쩍 커서
도시에서 맴도는 사람이 되었다

이제
트렁크를 덜컹이며 도망가는
우주로
또 다른 섬으로 가려는
기류를 알아본다 *(다 알아볼 수 없다—)*

학살 소식을 듣고
사망자 소식을 듣고
그물과 쇠줄과 불에 갇힌 동물의 소식을 듣는다
싸움 당한
상처투성이 소가 찍힌 사진을 들여다본다

투자자들이 빠르게 세운

작은 섬 언덕 위의 새로운 건물들을 봤고

기우뚱하며 균형을 잡고 있는
가덕도 바닷가의 고양이

고양이가 가만히
우릴 지켜보고 있었다

*

나
비어 있는 손과 마음을 알아
돌아갈 곳을 정해둔다

알아
내가 아끼려는 게 얼마나 하찮아 보이는지도

할 일을 해
이것도 사랑 노래라고 쳐주면 좋겠어

나의 둥그렇지 못한 돌들
해변에 놓아둔다

움직이는 차
창밖을 보면

파도가 계속 새로 치고 있고

빛나는 조약돌 해변을 지났고

우리는
기이하고 곱다는 그곳의 노을이
우리를 감싸기를
기다리는 마음도 되었다가

그날 밤
정말 반딧불이를 봤다고 같이 말해줄
증인이 되었고

우리가
숲에서 본 게

남아 있는 빛이란 걸
끊이지 않았단 걸

다시
알아채고 있었어

텐트를 치고서 바다를 바라보던 여행객과
작고 고요하고 사연 많은 마을을

내내 지나가고 있었어

기후 시 아님

내 살에
흙이 차고 트럭이 오가고 활주로가 들어섰어. 그런 상상 자주 해.
전투기가 이착륙하는 횟수로 여름을 기억하게 되었을 때
귀와 날개뼈가 망가져 있더라.
칠면초인 줄 알았는데 이리저리 튀어 있는 누군가의 피더라.
거기가
몸이란 것조차 잊게 되는 길고도 짧은 시간에
내 몸에서 새는
멀고

새는 귀엽지—.

집을 나섰지, 고향을 떠나는 여느 청소년들처럼.
서로를 파는 사람들을 봤고. 자신을 파는 사람들을
봤고. 견디고 부서지고 엎어져 얼굴이 상하는.
친구들은 대개는 돈이 없었고, 있어도 우스웠고
어떤 날은 정말 큰돈이 필요했다—

앉을 곳을 찾지 못한 채로
갇힌 습지 위에서 맴돌고 있는 새들—

너무 많은 새 떼를 보고 왔다.

나는 두렵다. 체한 몸으로 아름다운 것을
보고
두려운 것을 본다. 걷는다.

물기가 남아 있는 곳에 새로운 물이 모이고. 수거한
탄피를 모으고 죽은 사람들을 기억해내는 죽음과
평화의 마을*에서

수풀이 자라고 매화 피고
여름새 다시 와 자고 깨고 동료를 부르는
이 모든 게
이상하지 않은 마을에서

짙다는 이름이 붙은
섬까지 걸어 들어가며 낯선 새들을 가까이서 볼 수도 있는데.

모인 새들이 주장 없이도 먹고 쉬고,
지킬 방법을 몰라도 지키려는 사람들이
부지런히 안부를 묻는데

있잖아,
나는 어제도 울었거든. 어딜 가도 나의 빛은
흔들렸다 유리가 되었다 깨져 튀어버리기도 하는데.
이 장면들 또다시 기억하다 시를 쓰고 다시 멈춰.

혼자 견디는 날들이다. 이런 날이 내겐 많아.

매립된 갯벌에서 네가 본 것을 적고 있겠지.
밥을 먹거나. 새 노래를 만들겠지.
맞아, 나는 네 할 일을 하는, 흔들리는 너를
떠올리고 살아.

그런 소식이 내게 또 다른 기후다.

어디에나 있고
어디로도 떠날 수 없으며
죽음과 선의 중에서 본 것을 고르다가
당황하는 얼굴에 깃들게 되어버린 여름 속 사실들

보이지 않는 것을 보다 그만
미치거나 눕거나 거리로 나선 서로 다른 동물들

 욕망의 목록과 질병의 목록이 아름다움의 목록만큼 적히는 동안
 살 곳을 다시 찾고 직장을 구하고 부모님을 이해하고 혐오를 이해하고
 거리에
 모인 사람들 앞에서
 발언문을 낭독하는, 끊임없이 동시에
 일어나는 일들

그래 이 기후에 나는 적고
이 살육에 나는 다시 바꾸어 적는다.
매번 어리둥절하다가도
웃고 적고 기를 쓰고 안부도 물으며

살아서 계속 서로의
기후가 되고 있었다고 적으면서—.

팔고, 쓰고, 초대한다.
점점 아파가고 건강한 체하면서

먼 네게
기후라는 이름을 붙여준다—.

* 화성 매향리 갯벌과 쿠니사격장과 화성습지를 떠올림. 미 공군은 1952년경부터 농섬(濃섬)을 50여 년간 폭격 훈련장으로 사용했다. 지역 주민들은 그로 인한 극심한 피해에 시달렸다. 매향리 갯벌을 포함한 화웅지구는 수원군공항 예비이전 후보지로, 다시 경기국제공항 후보지로 지정된 바 있다. 이곳엔 해마다 물새 15만 명 이상이 찾는다.
 — http://www.joongang.tv/news/articleView.html?idxno=138122 참조.

푸르다
― 적응 아님

  빛을 봤어. 푸르고 익숙하고 낯설었지. 조금 멀리서.
소금 냄새가 날 것 같았어. 간직했지, 내가 본 썩
괜찮은 기후의 이미지를. 기후로 명명하지 않은 채로
놀았고. 나무의 그림자를 덮고 잠들 수도 있었고.
물려받은 옷처럼. 우연히 찾아낸 비밀 장소처럼.
  나는 나의 작은 기후를 즐겼다.
  알아갔다.
  그걸 보았단 걸 잊는 날도 많았어.

내 것이 아니라고도 생각했고.

*

  무리를 잃은 철새가
  혼자 남았단 걸 자각하면 어떤 기분일까. 낯선
여기서도 동료를 찾고 새 여름을 나고 잘 곳을 찾는 게
  불가능하지 않을 거라 들었어.
  옮겨가지 않아도 어쩌면 살아낼 수 있겠지.
  예전에 어땠는지 기억하지 못할 수도 있을 거야.
  이날들에

어떤 일이든 일어나버린다니

하지만 사실일까―

적응이 목표일까― 노을빛 새롭다.

긴장한 채 허기에 차
추락하려는 새가 있을 것만 같아서
계속 올려다보게 되더라.
오늘은 너 없이 나 혼자서도 남은 해변을 걸었고

쓰레기를 주우며 거니는 새벽의 여자들을
마주쳤어—

뭐라도
하는
아이가 있거나 없고 국방과 기후와 난민을 한꺼번에
바다에서 보는 게

그저 일상이 된 땅의 끝 여자들을—

나는 날아가지 않고
이끼와 조약돌과 모래땅 위에 섰네—

혼자서 견디는 도시에서의 밤
내가 몰랐던 사이에 물에 잠긴 마을 소식을
뒤늦게야 듣는다.

*

숲이 불타올랐을 때
새가 불 밖으로 날아가지 못했을 때

묶인 개가 마을에서 빠져나오지 못하고
노인들이 집을 잃었을 때

묶인 개, 묶인 개, 화염 속의 묶인 개
진화된 마을 속 자욱한 연기를 헤매며
남은 동물들을 살피러
누군가는 떠났고

발전노동자들의 미래가 자꾸 새로 결정됐고

누군가는
흐르는 강물을 막지 못하도록
잠긴 채 돌아가며 잠을 유예하고

물에 휩쓸리지 않기 위해
동료를 붙잡으며
붙잡으며
용서하며
용서를 용서하며
용서하지 않으며

상한 마음을 사랑이라는 말로 쉽게 대체하지 않으며

그 대신 노래를 부르고
자꾸 소식을 보냈지.
싸움을 이어갔지.

싸울 대상을 동시에 새로 알아챘지—.

*

나는 도망도 치다가
노랫말을 만들고 너에게 들려줘. 편지를 쓰고 띄워.
같이 본 여러 색깔 빛들과 땅의 촉감, 우리가 만난
강과 숲과 고래들, 작고 큰 신들에 관해 말해.

어느 날 돌이나 소가 되기도 하는
너의 말들을 옮겨 적고

아직 덥지 않은 여름에 다시 만난 우리가 한
소중한 일 몇 가지는

서로의 마음을 헤아리는 침묵을 알아본 것.
알아보지 못함을 고백한 것.
더 약해지고
의젓하고도 웃긴 표정으로
비밀 아닌 말들을
비밀처럼 나누는 것.

이 편지와 빛깔이 내내 움직이기를

커다란 빛의 끝
이어 붙인 각자의 노래가
끊이지 않는

아주 어두운 밤

들풀 냄새와
네가 밤새 만들어 비춰준

노래*—.

* 전주에서 활동하며 읽고, 쓰고, 노래하고, 움직이는 동료 김누리의
  목소리를 떠올림.

다시 만나기
― 은성에게

윤지양

파랗고 시린 마음을 읽었습니다. 아이들이 사라진, 아이였던 추억만이 남은 곳에 한동안 멈춰 있었습니다. 바다를 바라보았습니다. 말없이, 그곳에 서 있었습니다.

　우리가 본 것이 같은 광경이라면, 바다 옆 발전소가 줄지어 선 곳으로 시선이 옮겨가는 것도 당연한 일이겠죠. 그곳에서 배출되는 베크렐과 일반 사람이라면 알기 힘든 기준치의 양 같은 것에 대해 생각합니다. 시 안에서도 바깥에서도 깨끗하고 안전하다는 말을 반복적으로 듣습니다. 안전하다는 이유로 온배수 양식장에서 물살이들을 길러 잡아먹는 일도 벌어지더군요.[1]

　깨끗함을 증명하기 위해 희생되는 존재를 생각합니다. 문득 어릴 적에 참여한 금연 캠프에 대한 기억이 떠올랐습니다. 아이들에게 담배에 대한 경각심을 심어주기 위해서 개최된 캠프에서, 선생님은 담뱃재로 가득한 물속에 빨간 금붕어 한 마리를 넣어두었습니다. 몇 시간 뒤 우리는 배를 뒤집은 채 더는 움직이지 않는 금붕어 한 마리를 보게 되었습니다.

　"보세요. 담배가 이렇게 해롭습니다."

　다음의 말도 저에겐 비슷하게 느껴집니다.

　"보세요. 살아 있잖아요. 전혀 해롭지 않습니다."

　우리가 살아 있습니다. 이 사실이 슬프게 느껴질 때가 있습니다. 제가 자리한 곳은 "짓밟고 침 뱉고 돈으로 바꾸고/ 더 큰 돈으로 바꾸고/ 자신들의 것이 아닌 지분을 멋대로 넘기면서/ 죽음의 지대로 만드는 세상"(「여행의 슬픔과 기쁨」)입니다. 이곳에서 아등바등 살아가는 저 또한, 죽음의 지대를 만드는 존재와 다를 것 없다고 느끼기도

---

[1] "월성원전에서 물고기를 키운다", 송종욱, 영남일보, 2021. 08. 21. 참조.

합니다. 가끔은 그 자리에 서 있는 것이 힘에 겨울 때가 있습니다.

    슬픈 마음을 안고 여행을 떠납니다. 17시간 동안 비행 이후 도착한 이곳은 여름날 밤 10시가 되어야 어두워지기 시작합니다. 동이 트는 것도 일러서 아주 긴 낮을 맞이하곤 합니다. 평소에 자주 보지 못했던 생김새의 사람들, 낯선 동물과 식물들을 봅니다. 바닷가 근처인 이곳의 갈매기는 매우 희고 커서 우리나라의 비둘기마냥 거리를 돌아다닙니다. 갈매기 중 하나는 길가에 버려진 빵 봉지를 부리로 뜯으며 부스러기를 쪼아 먹습니다. 도심에서 벗어나 높지 않은, 정원이 딸린 집들을 옆에 끼고 길을 걷다 보면 검고 붉은 잎의 나무를 보게 되기도 합니다.

    나중에 낯선 사람들의 이름을 알게 되었습니다. 필리페, 네네, 프란치스카, 아나, 비올레타, 마리, 토마소, 이사디, 우고…. 먹이를 구걸하는 갈매기의 이름은 유럽재갈매기라고 합니다. 검고 붉은 잎의 나무 이름은 아직 알지 못합니다.

    우리가 같은 곳에서 바라보았던 새들의 이름을 떠올립니다. 검은머리물떼새, 중부리도요, 민물도요, 알락꼬리마도요, 개꿩, 큰뒷부리도요, 청다리도요, 붉은어깨도요, 저어새…. 하나하나 알기 전에는 그저 날아다니거나 머물다 사라지는 새라고 생각했습니다. 그러나 하나하나 모습을 바라보고, 이름을 알게 되고, 어느새 정든 새들에게 애틋한 감정을 느낍니다. 그 새들이 해마다 다시 돌아오기를 기대합니다. 만약 돌아오지 못한다면 매번 그 자리에서 그들을 맞이하는 공간이 사라졌기 때문이겠죠.

    이곳의 몇몇 사람들은 저를 차이니스라고 부릅니다. 스시를 좋아할 것이라는 편견과 마주친 적도 있습니다.

아마 저에 대해 잘 모르기에 하는 말이겠죠. 설명할 기회가 된다면 정확한 사실을 말할 수 있을 겁니다. 그 말조차 통하지 않을 수도 있겠지만요. 알고자 하는 마음이 있다면 그런 것쯤이야 대수겠습니까.

하지만 끝내 외면한다면, 저는 중국과 일본 사이에 존재하는 어떤 동아시아인으로 남겠지요. 자세히 들으려 하지 않으면, 그 어떤 말을 해도 들리지 않을 것입니다. 얼굴을 돌리고 끝끝내 바라보지 않는다면, 어떤 것도 보여줄 수 없을 겁니다. 모른 채 평안히 지낼 수 있겠지요. 저 또한 한때 청다리도요가 우는 소리를 모르고 일상을 영유해 왔듯 말입니다.

이름을 알게 된 친구들 몇몇과 이 고장에 유명한 술을 마시러 갔습니다. 와중에 저는 술을 마시지 못해 무알콜 맥주를 시켰지요. 친구들은 제가 시를 쓴다는 사실을 알았습니다. 제가 쓴 시 몇 편을 보여주었습니다. 서투른 영어로 조금씩 설명하자 친구들은 고개를 끄덕였습니다. 그리고 제가 물었습니다. 너의 열정은 무엇이니? 친구들은 하나둘 자신이 가진 열망에 대해 말했습니다. 세계 곳곳의 클럽을 다니며 멋진 음악을 찾는 친구도 있고, 많은 사람들을 만나며 자신을 세계를 넓히고 싶은 친구도 있고, 아늑하게 집을 꾸미는 것에 기쁨을 느끼는 친구도 있었습니다.

이야기를 나누며, 무엇보다 우리가 서로를 알게 되었다는 사실이 기뻤습니다. 유창하게 영어로 이야기를 나누진 못하더라도, 몸짓을, 표정을, 그리고 마음을 사세히 들여다보는 동안에요.

자세히 들여다보지 못했던 때가 있습니다. 잘 먹고 잘살아야 한다는 생각에 매몰되어서, 작은 지출에 생색을 내고 돈 한 푼이 아까워 기분이 상한 적이 있습니다. 일을 빨리 처리해야 한다는 일념으로, 무뚝뚝한 표정을 유지한 채 회사에서 시간을 흘려보낸 적 있습니다. 편리함에 빠져 무분별한 소비를 일삼기도 했습니다. 하루이틀도 아니고 수많은 날을 그렇게 보냈습니다. 무언가를 소중히 여기는 마음과 거리가 먼 나날들이었습니다. 그날들은 "시리게 빛났을"(「프레임 안팎의 베크렐」) 아름다운 순간과 동떨어져 있습니다. 그런 날들을 되짚으며, 저 자신이야말로 스스로 경멸하는 이기적인 존재들과 너무나 닮았다는 것에 흠칫 놀랍니다.

 외면하지 말아야겠지요. 여러 가지 핑계를 대며 나의 두 발만 바라보던 시선을 돌려야겠지요. 다양한 존재의 모습 하나하나를 들여다봐야겠지요. 제가 발을 딛고 선 곳이 어떤 공간인지 생각해야겠지요. 이곳이 과연 다양한 존재를 환대하는 공간인지 말입니다.

 환대의 공간이 점차 사라지는 것은 슬픈 일입니다. 다른 계층, 국적, 인종, 나이, 성별과 정체성을 비롯해 다른 종에게 등을 돌리고 밀어내기만 하는 모습을 종종 목격하게 됩니다. 그 상황에 슬퍼하기만 해서도 안 되겠지요. 상황을 바꿔야 할 우리의 의무도 있겠지요. 머리를 맞대고 고민하며 행동해야겠지요. 주변으로 밀려나 결국 설 자리조차 잃는 존재들과 연대해야겠지요. 앉을 곳을 찾지 못해 배회하다 지쳐가는 새처럼, 주변을 떠도는 존재들이 얼마나 많습니까.

 우리가 보았던 새들을 다시 보고 싶습니다. 그들이 평온히 쉬며, 낮잠을 자는 모습을 조용히 바라보고 싶습니다. 어두운 밤 보았던 반딧불이의 개수를 다시 세어보고 싶습니다. 우리가 다시 만나게 된다면. 시 속 아이들처럼, 함께 블루베리를 따 먹으며 바닷가에 작은 돌들을 쌓아도 좋겠습니다.

윤지양

미소새

　마주치고 싶지 않았거든요. 소리가 들리면 피하고
싶잖아요. 자동차가 달리는 도로 옆 창문을 닫아두듯.
외국어가 들렸어요. 걔네는 왜 그런 별거 아닌 일에
웃는 거지. 웃긴 점을 찾을 수 있으면 좋을 텐데,
그러기엔 익숙하지 않았어요.

　이곳은 여름 밤 열 시가 되어서야 날이
어두워지니까요. 비껴가는 것들이 으레 그렇듯이.
옆으로 비키는 것에 일일이 실례를 구했어요. 그래도
새벽이 찾아왔어요. 새벽 서너 시쯤 호루라기
소리가 들렸어요. 모르는 사람인 줄 알았어요. 삑
삑 삑 일정한 간격으로. 미치광이가 다리를 흔들며
춤을 추는 줄 알았어요. 여름날 새벽의 모르는 동물
같았어요. 아마도 수풀 속에 숨은

　새를 보지 못했어요. 보고 싶지 않았어요. 보게
되면 소리칠 것 같았거든요. 이 새벽에 제발 조용히
하라고. 외국어를 알아듣는지 모르겠어요. 어디서 온
새인지도 몰랐어요. 옆방에 외국어로 소리치는 두
사람이 있어요. 창밖에서 앰뷸런스 소리가 들려요.
이곳에서도 누군가 다치는 사건 사고가 일어나나
봐요.

　기억은 매번 같은 곳을 찾았어요. 속설과 달리
새들은 기억력이 좋잖아요. 뽕뽕 소리가 들렸어요.
청다리도요라고 했어요. 먼 곳에서 날아와 쉬고 있는
새들을 봤어요. 검은머리물떼새의 주황색 부리를
보았어요. 가슴에 노란 털이 난 저어새도.

　비행기를 탔어요. 여덟 시간 느린, 밤낮이 다른
곳까지 도착하기 위해 열 시간이 넘도록 하늘에

있었어요. 어디서 온지 모른 채 중국인이라는 소리를 들었어요. 다른 말도 들렸어요. 하이. 익숙한 말에 미소를 지을 때가 많았어요.

   진흙을 밟았어요. 어디서 오는지 모르는 조류를 해양학자는 잘 알고 있겠죠. 기억에서 밟았어요. 바다는, 호수는 아직 여전한가요. 지금은 도로 옆 방 바깥에서 웃음소리가 들리고 먼지 쌓인 카펫 위로 쿵쿵 발소리가 들리고

   마주치고 싶지 않았거든요.

구와 멍

굽고 지지는 냄새가 나
뜨거워진 일부는 녹고
표면은 새까맣게 타 내려가
내려가
부풀어 올랐다가
내려가
내려가
내려가

사람이든 동물이든
입에서 항문으로
빈 곳이 이어진다
내려가
폐허처럼
내려가
떠도는 살점처럼
내려가

고막이 울린다
당장이라도 터질 것 같으니까
내려가
울리는 묵음에서
내려가
내려가

마른 입속
공허가

내려가려다

움푹 팬 땅에서
홀쭉한
뺨처럼
기다란
벌레처럼 붙어
기어 다니는 것처럼

구가 구에게
멍이
또 다른 멍에게
말을 건다

품은 알처럼
깨뜨리며 뿜어져
나온다

내려가
흙 속에서
뒹구는 말

북-북동향으로

  울음이 말랐을 때에도 소음은 줄어들지 않았다.
전속력으로 질주하는 차 바깥으로 바닷가 마을의
풍경이 상영된다.
  몇 달 전에 썼던 시 혹은 다른 누군가의 시에서

  본 지역은   안전법 제89조에
  따라 제한   역(AB)으로 설정된
  지역으로 일반인 출   및 거주를
  통   하는 지역입니다.

  균형 잡힌 파동 중
  일부는 치우쳐서 이동한다.

  지나치는 세계야말로 최선의 세계다.
  빠른 속도로 너는 막 하나의 분기를 지나쳤다.

  뒷좌석에 앉은 아이는 떼를 쓰고 있었다.
문방구에서 사지 못한 종이 인형 옷 입히기를
생각하며. 어른은 단호했다. 너를 위한 행동이야.
쓰지도 않고 산 종이 쪼가리가 몇 개야? 아이는
용돈을 모아 문방구를 들락거렸다. 뜯지 않은 종이
인형들을 차곡차곡 상자 안에 쌓아두었다.

  마을을 떠난 뒤 아이는 줄곧 상자 속 종이 인형을
잊고 있었다. 그러다 우연히 옛 친구를 만났을 때였다.
돌아서는 친구의 뒷모습을 보며 두꺼운 종이 뭉치를
떠올렸다.

어른이 된 아이는 늙어버린 어른에게 전화를 걸어 묻는다. 둘은 같은 기억을 상기했다. 그래 그거 생각나. 아무튼 지금 우리 집엔 없어.

다른 집에 종이 인형들이 있다.
뜯지 않은 혹은 다 뜯어버린 인형과
그걸 가지고 놀고 있는 또 다른 네가

나뉜 두 개의 가능성은 관측되는 순간 하나의
현실로 확정된다.
혹은 모든 가능성이 전부 현실이 되어
만나지 않는다.

차를 타고 전진하는 너는 북향과 북동향으로
갈라졌다. *이게 최선이야.* 운전자는 낯선 모습의
역사다. 힘이 센 암석 같은 어쩌면 암석을 깎은 조각
같은

정리한 서류 속 사고로 인한 직접적 사망자 수가
56명이며 4천 명이 유관 질병으로 사망할 것으로
추산되었다.* 이에 대해 미래의 사무총장이 말했다.
이러한 결과는 인명피해는 적었지만
사회 경제적 피해는 대단히 컸던 사고와 유사하므로

작은 것에 대해 떠올린다. 작은 입자와 파동에 대해.
사소한 우주의 일부분에 대해. 방금 통과한 경로의
미약한 빛에 대해.

누군가에게 세계는 전부다.

최선의 결과를 보여주는 거야
최고의 행복을 위해

외부와 내부는 붕괴되고 있다

---

* 여기엔 지나치게 축소된 수치라는 의견도 있다.

육지 이후

동백나무 끝에 달린
눈물들
배꼽이 간지러워
웃음이 방울처럼 쏟아졌다

고래의 등이 솟아오르는 것을 보면
흔들어 알려줘

솟구칠 때 열매들이 떨어진다
그러면 곳곳에 숨은 반딧불이가 움찔거리겠지

다른 가능성의 우주에서
같은 건 이곳과 너
혹은 방울 소리

불어오는 바람에 숨이 살짝 멎는다
등대 앞에 서서 본
상괭이 두 마리의
꼬리와 꼬리

갈라졌던 너와 체형이 삐딱한 너와 고개를 숙이는 너와
한자리에 모인다
미처 세지 못한 너와

다시 보게 될 거야
날아오르는 빛

같은 날 돌아오는
검은 머리 새처럼

지나친 세계와 지워진 세계
― 지양에게

마윤지

부산-경주 일정은 1박 2일이었다. 누군가와 한 침대에서 자야 할 수도 있다는 것을 알고 있었는데도 출발 한 달 전부터 멀미가 났다. 정오쯤 부산에 도착해 가덕도 전경을 둘러보고 국수봉의 동백군락지에까지 다녀온 날, 나는 윤지양과 같은 방을 쓰게 되었다. 잠이 오지 않았다. 어둠 속에 누워 몸 안에 흐르는 작은 소리를 들었다. 심장 박동 소리. 피의 소리. '나'라는 느낌보다는 다른 무언가와 함께 있는 것 같았다. 조용히 어느 한쪽으로 흘렀다가 다시 어느 한쪽으로 움직이는 구름 같은 것. 잡힐 듯 잡을 수는 없고 너무나 분명한 것. '시간이 오래 지난 것 같네.' 시계를 보니 새벽 네 시였다. 못 자겠구나, 다시 눈을 감고 숲에서 본 어둠을 떠올렸다.

    국수봉은 백 년이 된 숲인 동시에 해발고도 258m의 산이다. 발길이 거의 닿지 않아 길은 없다시피 하고 경사가 가팔랐다. 고요하고 깊고 울창하다 못해 어느 부근은 매우 어두웠다. 화성습지에 갔던 때와 달리 동료들과 가까이 붙어 걸어야 했다. 나는 몇 번을 반복해도 사람들 사이에서 늘 어색하고 멋쩍다. 그럴 때면 시끄러운 와중에도 내 몸속에 흐르는 소리를 들을 수 있다. 그것은 대부분 긴장되어 있지만 평안할 때도 더러 있다. 처음 그 숲에서 나는, 숲이라는 생명의 형체 속에 침입한 바깥의 것이었다. 숲과 나 사이에 붕 뜬 여백을 알고 있었다. 그러나 동료들과 내가 숲의 높낮이에 따라 움직이면서, 높은 곳을 오를 때의 숨차는 소리와 낮은 곳으로 걸을 때의 주춤거리는, 운동화를 짧게 끄는 소리를 따라가면서 앞선 모든 것이 흐려지고 어쩐지 숲에게 온전히 몰두하게 되었다. 일체감은 아니었다. 따로 있으면서 분명 나란한 몰두였다.

    윤지양을 처음 본 날은 5월 17일이다. 환경운동연합

본부 앞에서 만나 화성 매향리에 먼저 들렀다. 우리는 도착해서 맨 처음, 둥글게 서서 눈을 감았다. 두 발이 닿은 땅을 받아들이고 땅이 우리를 받아들이도록 침묵했다. 그러고 나서야 바다 쪽으로 걸었다. 햇볕은 무척 뜨거웠고 옷이 휘날릴 정도로 바람이 불었다. 사람보다 몇 배는 작은 새들이 이 굵은 바람을 어떻게 견디는 것인지 놀라웠다. 나는 그날도 의식적으로 사람들과 멀리 떨어져 걸었다. 사람들의 틈에 있는 나를 견뎌야 했다. 그러다가 차례로 탐조경을 들여다보는 시간이 되어서야 일행 가까이에 가 섰다. 그때 윤지양의 노트를 보았다. 그의 노트는 꽤 두껍고 속지는 무선이었다. 윤지양은 초점에 들어온 검은머리물떼새를 연필로 그렸다. 긴 부리와 짧은 다리, 밝고 흐린 회색 바다와 대비되는 까만 깃털이 신비로웠다. 그 뒤로 윤지양처럼 나의 작은 수첩에 새를 그려보려고 했지만 잘 안 되었다. 이도 저도 아닌 꺾인 선 몇 개를 그었을 뿐. 그의 노트에 자리한 새는 화성에 다녀와 부산-경주 일정 전까지도 가끔 사진처럼 솟아올랐다. 회상은 여기까지 이르러 나는 해가 뜨기 직전에 짧게 잠을 잘 수 있었다.

    그날 이후 윤지양의 시를 읽으며 나는 그와 함께 "전속력으로 질주하는 차 바깥으로"(「북-북동향으로」) 상영되는 바닷가 마을을 본다. 마을에는 핵발전소로 인해 오염된 공기와 물에 노출되어 질병을 앓는 사람들이 살고 있다. 아직 그곳에 사람이 있다. 차에 탄 이들은 왜 전속력으로 질주하는가. 전속력은 더 많은 자본을 가능하게 하고 죄책감을 덜게 하며 모든 것을 빨리 잊게 해준다. 그 뒤에 우리는 몇 부분이 지워진 안내판을 마주한다.

> 본 지역은　　　안전법 제89조에
> 따라 제한　역(　AB)으로 설정된
> 지역으로 일반인 출　및 거주를
> 통　하는 지역입니다.

어떤 방식으로든 시인이 발견하지 못한 것은 시인에게는 존재하지 않는 사건이므로, 시 안에서 그 사건은 작동할 기회가 없었다. 윤지양의 지나침은, 지나쳤다는 것을 뒤늦게서야 알았기 때문에 지금 "마주쳤다"고 말할 수 있는 것이다. 이전에는 작동하지 않았다고 말하자, 시는 작동한다. 윤지양은 조금 더 나아가 이 사건은 무언가 자신 안에서 혹은 이 세계에서 "지워"진 것이라고 말하고 있다. 지나친 것은 지나간 사람과 별개로 지워지지 않고 남아 있지만, 윤지양의 시는 때론 발견되어야만 존재할 수 있음을 동시에 인정한다. 그러나 지나쳤고, 지워졌기 때문에 시인의 가슴에서 없어지지 않는 것이 있다. "종이인형"(「북-북동향으로」)이 그러하다. ("어른이 된 아이는 늙어버린 어른에게 전화를 걸어 묻는다. 둘은 같은 기억을 상기했다. 그래 그거 생각나. 아무튼 지금 우리 집엔 없어.") 시간과 마음을 다해 간절히 원했던 무언가는 잊히고, 살면서 북향과 북동향으로 갈라지는 길에 이르러 우리는 하나의 길을 최선의 방식으로 선택했다고 생각한다. 방법은 그뿐이라고 확신한다. 그러나 그것은 착각이다. ("차를 타고 전진하는 너는 북향과 북동향으로 갈라졌다. 이게 최선이야. 운전자는 낯선 모습의 역사다. 힘이 센 암석 같은 어쩌면 암석을 깎은 조각 같은") 이미 이 선택은 "갈라"진 것이며, "외부와 내부는 붕괴되고 있"다. 또한 시 말미에 기록되는, 직접 사망이 아닌 "유관 질병"이라는 숨은 그물은, 개인이라는 한 사람 한 사람을 거대한 덩어리로 뭉쳐 끝내 구별할 수 없도록 뭉개버린다. 이는 윤지양과 나를 포함한 모두가 지나친, 지워버린 존재다. ("정리한 서류 속 사고로 인한 직접적 사망자 수가 56명이며 4천 명이 유관 질병으로 사망할 것으로 추산되었다.") 시인의 가슴에서 이 사건은 새로이 쓰이지 않고 지워져 있는 그대로 남아 있다. 지워져서는 안 되는 것들에 대해 덧붙이거나 더 지우지 않은 채로. 나는 윤지양의 이러한 태도 때문에 윤지양이라는 사람을 곰곰이 곱씹게 된다.

    윤지양은 얼마 전 아일랜드의 더블린에 갔다. 아마 가을이 무르익을 때쯤 돌아올 것이다. 그는 이따금 자신도 모르게, 또는 너무나 정확히 어떤 존재를 지나치기도 할 것이다. 지우기도 할 것이다. 그러나 이전으로는 돌아갈 수 없게 되었을 것이고, 두꺼운 노트에는 내가 그릴 수 없었던 검은머리물떼새 같은 것들이 점점 더 늘어날 것이다. 우리 자신이 어떤 세계를 지나친다 하더라도 그것은 끝내 지워질 수 없다. 사람들에게서 멀리 떠나면 떠날수록 그들과 같은, 사람인 내 안의 소리가 커지는 것도 비슷한 것이겠다. 외부와 내부처럼, 사라지는 숲과 사라질 인간처럼. 따로 있지만 끝내 나란한 것들 사이에 윤지양의 시 또한 단호하게 서 있다.

마윤지

은지랑 연희랑

은지랑 연희랑
바다에 갔다

은지랑 연희랑
헤엄칠 수 없는 바다에 갔다

동네 아이들이랑 돌 줍고 놀았다
엄청 뜨겁네 이걸로 난로 만들까
그런 걸 왜 해요

쪼그려 앉은 등에
작은 돌무늬
작은 물방울무늬

동네 아이들이랑 물수제비 뜨고 놀았다
여기서 수영해본 적 없어요
어른들이 못 들어가게 해요

은지랑 연희랑 둘 중에
누가 우는 것 같았는데

나한테 왜
이모 괜찮아요?

발전소에서 어떤 남자가 나오더니
찍은 사진 좀 보자고 한다

보름

내일이야
왼쪽에 누운 반달가슴곰이 말했다

열 살이 되는 거야
오른쪽에 엎드린 반달가슴곰이 말했다

우리 손그림자놀이 하자
내가 울면서 말했다

이것 봐 달팽이
오므려서 꽃게
전혀 다른 강아지

깊은 숲에서
깊은 숲의 철창에서
곰들의 갈비뼈를 쓸어주었다

잠든 밤 뒤로
내가 숲을 나갈 때

얼굴에 노란 포대를 뒤집어쓴 곰들이
능선 위에 손을 잡고 서 있다
그림자놀이다

이것 봐 보름달
가슴이 영원토록 반달인 보름달
땅을 밟은 보름달

새하얗게 환해요
눈먼 지 오래예요

달이 나의
두 발을 붙잡고 말했다

확대경

숨
멈추고
눈을 가까이 대었지

새다
새야!

작네
작아!

주고받는 노래처럼
우리는 기쁘다

사람 죽일 때도
자는 새를 축복할 때도

이 작은 구멍으로 보는 거고
그러니까 두려움이라는 거
어쩌면

가느다란 발이
심장 위로
물 자국 찍으며 걸어 들어오네

주고받는 숨처럼
우리
조용하던 순간

사라지는 숲

난 숲이 무서워

숲이 무서운 사람과 숲속에
아까부터 발자국은 보이지 않고
바퀴 지나간 자리에 긴 호스가 놓여 있었다

더 못 오르겠어 여기서 기다릴게

혼자 걸었다
두고 온 사람을 생각했다

밭이 있을 거 같아
서울에선 못 보던 나무다
저 꼭대기에서 누가 물을 끌어다 쓸까

그런 내기도 했는데 즐거웠는데
인부들이 땅 깊이
굴착기를 꽂고 있었다

산이 어서 죽어야 이 일도 끝난다고
필요한 건 모두 산 아래 있다고
곧 집에 갈 수 있겠다고 했다

이상했다 인부들이 저 아래 나를
기다리고 있는 사람처럼
돌아갈 곳 없는 얼굴을 하고 있었다

산을 내려가면서
그냥 이대로
고꾸라져버리고 싶은 마음으로

호스에 걸려 휘청거렸다
만나기로 한 갈림길
그 사람은 없고

넌 숲이 왜 슬퍼?
먼저 울던 것이 따라오고 있었다

생각하는 다문 입술의
— 윤지에게

희음

신기해요. 우리가 함께 보낸 날이, 특히 그 여정을 걷고
꾸리고 돌본 윤지의 시간이 이 짧은 네 편의 시 속에 다
들어 있는 것만 같아요. 꾹꾹 눌러 담아져 있되, 장면들이
서로를 침범하지는 않은 채로요. '다 들어' 있다고 단정
짓는 게 조심스럽지만 윤지가 쓴 문장들의 행간에까지
빼곡하게 행위들이 들어차 있으니까요. 윤지의 생각하는
다문 입술, 멈추어 멀리 바라보던 눈빛, 몸을 더 가늘게
만들어 옆 사람에게 자리를 조금 더 내어주던 다정, 남은
한 사람을 함께 남아 기다려주던 배려 말이에요. 분명 나는
윤지가 곁을 지켜주던 남은 그 한 사람이 아니었는데도,
윤지가 바로 나를 기다려준 것만 같았어요. 거기에
기댔어요.

"두고 온 사람"을 생각하고 "먼저 울던"(「사라지는
숲」) 존재를 떠올리는 윤지 시 속의 화자는 사흘에 걸쳐
제가 마주하고 발견했던 윤지와 아주 많이 닮아 있었어요.
그리고 그 짧은 사흘 안에 우리도 윤지를 닮아갔을까요.
저건 윤지의 생각하는 다문 입술이잖아, 하고 저는
엉뚱하게도 윤지가 아닌 다른 이의 얼굴을 보며 생각한
적이 있거든요. 누군가가 윤지를 닮고, 그 누군가를
또 다른 누군가가 닮게 된 것처럼, 겹치고 또 겹치는
옆얼굴이었죠. 함께한 시간으로 따지면 우린 "주고받는
숨"(「확대경」)이 그리 많은 편이 아니었는데도 그랬어요.

함께 가쁘게 숨을 몰아쉬고, 간간이 나란한 한숨을
쉬었으며, 한숨의 개수만큼 절망했던 현장에 잠시나마
어깨를 잇고 머물렀기 때문일까요. 그와 동시에, 가능성이
희박하다는 걸 알면서도, 다른 살 만한 삶과 숨의 경로를
기어이 꿈꾸도록 만드는 바로 그 현장에 둥그렇게
모였기 때문일까요. 새와 섬과 헤맴과 두려움과 '그곳에
있음'을 기어이 알기 위해 "확대경"(「확대경」)을 닮은

망원경의 작은 렌즈에 가져다 댄 서로의 뒷머리를 보았기 때문일까요.

　망원경이 없는 현장에서도 뒷머리의 문법은 다르지 않았어요. 하나같이 조심스럽고도 집요했잖아요. 지키고 싶어 했잖아요. 왜 이런 일이 일어나는지 영문 몰라 했고, 말이 안 된다 생각했잖아요. 이야기를 하다가도 화가 난 듯, 실망하듯, 탄식을 참듯, 다짐하듯 우리는 종종 입술을 꾹 다물었어요. 일제히 그러기도 하고 돌림노래처럼 그러기도 했는데, 그런 모습에 이상하게도 마음이 든든해지더라고요.

　「은지랑 연희랑」에서 화자는 은지와 연희를 보면서 그중에서 누가 우는 것 같다고 이야기하잖아요. 그런데 다시 그 화자를 보는 동네 어린이가 있어요. 어린이는 화자에게 "이모 괜찮아요?" 하고 묻고요. 이 상황이 마치 서로를 살피며 마음을 쓰고 결국에는 조금 닮아가기까지 했던 우리들의 모습 같기도 했어요. 마니또 게임의 방식으로 짝을 정해, 꼬리를 물듯 상대의 시를 읽어주는 것도 이와 비슷해 보이고요. 내 존재는 잠시 접어두고, 나 아닌 다른 이를 궁금해하고 걱정하고 뒤따르며 바라보는 일 말이에요. 그 자신도 보지 못하는 걸 내가 보는 거죠. 그가 자신에게 있지 않다고 여기는 것마저 발견해주는 마음. 당신에게 그것이 있다고 자꾸 말하면 그건 있는 것이 되잖아요. 어떤 작고 동그란 돌을 당신의 손안에 꼬옥 쥐여주며 이게 당신의 것이 맞다고 말하면 이미 잊힌 것이었던 돌의 체온과 촉감이 다 기억나잖아요.

　조르주 디디 위베르만의 『반딧불의 잔존』에서는 말해요. 완전히 사라진 것처럼 보여도, 그/그것의 흔적, 자취, 뒷모습을 어떻게든 찾아 나서는 사람이 있다면 그/그것의 존재는 사라진 것이 아니라고. 그렇게 반딧불이의 희미한 빛을 찾아 나서는 이가 한 사람이라도 남아 있다면 이 세계는 완전한 어둠에 삼켜진 것이라 할 수 없다고요. 우리, 이번에 진짜 반딧불이를 만났잖아요. 가덕도의 동백숲으로 가는 국수봉 초입에서요. 소리를 줄이고 우리가 가진 모든 빛을 없앴더니 반딧불이가 나타났잖아요. 그곳에 반딧불이가 있다는 걸 미리 알았고 김현욱 활동가의 안내를 따라나선 길이었다고는 해도, 우리가 주의하지 않고 정말 그들을 보려 하지 않았다면 그 여리고 작은 빛들이 그렇게 힘센 '있음'의 목소리를 냈을까요.

있는 것을 있다고 힘주어 말하고, 잘 보이지 않는 것을 어떻게든 발견하려 하는 게 활동가의 일이자 시인의 일이라고 생각해요. '거기엔 아무것도 없다'고 말하는 거대한 굴착기와 폭탄과 계산기의 시스템 앞에 몸과 목소리와 듣기와 신경 쓰기라는 작은 도구를 쥐고 서는 일 말이에요. 작은 도구라고 말했지만 그 일은 결코 작지 않아요. 사랑하고 돌보는 일이니까요. 그 땅에 기대어 사는 이들에게 몸을 기울여 생명의 인사를 하는 일이니까요. 당신이 이곳에 있음을 알았다고, 그걸 세상에 전하겠다고 약속을 하는 일이니까요.

윤지의 시에서 "이모 괜찮아요?"(「은지랑 연희랑」) 하고 어린이는 묻고, 물음 앞에 놓였던 화자는 또 다른 두 사람을 보고 우는 것 같다며 마음을 써요. 그 두 사람의 마음이 어디로 향했을지 점치는 건 그리 어렵지 않아요. 그들은 발전소 때문에 아프게 된 바다를 바라보며, 망쳐진 자신의 삶터로부터 미처 도망치지 못한 물살이의 울음을 듣고 있었을 거예요. "괜찮아요?" 묻기도 했을 거고요.

그 물음의 끝에 구원이 놓이지는 않는다 해도, 이걸 사랑과 돌봄의 연쇄로 바라볼 수는 없을까요. 연루된

자들의 돌림노래로 볼 수는 없을까요. 반딧불이를 찾는 한 사람의 위태로운 걸음을, 뒤에 오는 여러 몸들이 저마다의 동아줄로 지탱하고 있는 이야기로 읽을 수는 없을까요.

그럴 수 있다면 이런 기대 또한 가능하겠어요. 단짝 친구를 걱정하고 이웃을 걱정하고 잠깐 사이에 친해진 낯선 이를 걱정하는 많고 많은 마음은 반드시, 집단학살과 전쟁과 벌목과 감금과 도축과 산불과 홍수 가운데 있는 모르는 얼굴을 아파하는 마음으로도 이어질 것이라는 기대. 그리고 그 마음이 지금 여기, 한참이나 어긋난 채로도 무섭도록 빠르게 맞물려 돌아가는, 세상의 톱니바퀴를 멈춰 세우는 저항의 힘이 될 수도 있겠다는 엷은 기대.

윤지의 시와 윤지의 생각하는 다문 입술에 기대서, 희박한 희망을 거듭 만지작거렸어요. 이 마음이 매우 엷고 부서지기 쉽다는 걸 모르지 않아요. 우리가 발견한, 순간의 동아줄과 순간의 공동체 역시 너무 짧고 흐릿했죠. 그럼에도, 있었던 몸의 기억을 도려내지 않는 이상, 우리가 발 디딘 곳이 그전과 똑같이 감각되지는 않으리라는 것을 믿어요. 반딧불이를 찾아 헤매는 자리에서 우리는 자꾸 다시 마주쳐 흠칫 놀라고, 가끔은 흰 밥을 나누고 또 함께 웃다가, 생각하는 다문 입술을 뜻밖의 선물처럼 서로에게 안기리라는 것을 믿어요.

2025년 여름, 사랑과 지지를 담아 희음.

희음

반딧불이 쪽으로

*

이상한 곳이었다

없는 목의 목소리와
인간의 말이 아닌 말들,
눈동자 없이 응시하는 빛과
피부 없이 내미는 손이 우리를

에워싸는 숲이었다

한여름의 밤이었는데도
우리는 입김을 내뿜었다
입김이 잿빛으로 변해갈 때
홀연히 뒤따라와 어루만지는
빛의 체온이 있었다

왔니.

괜찮니.

다치지 않았니.

어떻게 살았니.

별일 없었니.

우리는 여기 있다.

우리는 여기

살고 있어.

있었어.

묻고
믿고

망설이고
자신하며

이끌고 이끌리는

있고
잇는

너무 거대한
작은 빛들

이상해서 미칠 것 같았다

*

차라리 미쳐버릴걸

숲을 떠나온 뒤, 무서운 걸 열어봤다

  그곳에는 아무것도 없습니다 캄캄한 밤에는 더 없습니다 우리는 모릅니다 모르는 건 없는 겁니다 조금이라도 이상한 건 취급하지 않습니다 이상한 건 없는 게 낫습니다 이상한 건 없는 것으로 봅니다 너무 작고 희미한 것 흔들리는 것 깜빡이는 것 숨어 있는 것 주의 깊은 관찰을 요하는 것 모두 우리의 관심 밖입니다 질문받지 않습니다

국토교통부의 조사보고서* 속 이야기였다
우리가 다녀온 숲
그 숲을 없애고 공항을 짓겠다 했다
보고서는 이천 페이지나 되었는데
줄줄이 저랬다
숫자로 말했다
우리가 알고 우리가 기억하는 그 모두가
셈해지지 않았다

나는 열병이 났다
침을 삼킬 때마다

목이 아팠다

*

목이 있었다

삐걱 삐걱
문서를 삼키기에 좋은 목

일어나자
깜빡깜빡

흔들리는
숲으로 가자

흙이 될 문장들은 어서 흙이 되거라.

흔들흔들
신발을 신을 때

전화가 왔다

지난밤의
동료였다

괜찮아요?
괜찮아?

이상했다
어떻게 알고…

걱정과 웃음이
오고 가고

이상하지 않은 걸 사랑하기는 영 틀려버린 몸이 된 것만 같았다

---

* 2000쪽이 넘는, 가덕도신공항 건설사업에 대한 전략환경영향평가 보고서를 들여다보았던 적이 있다. 그 시간을 떠올리며 썼다.

우는, 맴도는

울음은 통계에 포함되지 않았다

지도는 철마다 달라졌고
완전히 잊기 위해
계절을 절단하는 사람들

통계를 따라
하늘은 금 그어졌다

몸을 접는 방식으로 항의하는 이들은
언제나 가장 먼저 부서졌다

여전히 하늘을 믿는 한 사람이
목을 젖혀 바라본다
제 손으로 끝내버린 한 세계의 시작을
염원한다
더 먼 곳을 보려고 눈을 감는다

그는 부지런한 사람이다
주식시장이 열리기 전에 새소리를 듣는 사람
새소리를 틀어놓고 아침 운동까지 마쳤다
 그는 고객들이 모여 있는 메신저 창에 한
토목건설사의 이름을 띄운다

 선생님 고맙습니다
 선생님 감사합니다

죽은 세계가 받는 매일의 인사
죽은 새는
다음 날 아침을
기다린다

새로 위장한,
새를 조각낸,
새의 느낌만을 모으는,

죽은 새
부지런한
오름세와 내림세

모르는 얼굴이 알아보며 반가워한다
선생님 새 좋아하시나 봐요
새 이쁘죠
저는 별로예요
잘 안 보이니까 더 보고 싶지 않아요?
그래서 자꾸 죽이나 봐요
희소성의 법칙?
멸종 말고 딱 멸종위기까지만

오름세와 내림세
그래프가 요동친다

새소리를 꺼두고 그는 공항으로 도망을 간다

이제 인사하지 않는 시간
부지런한 한 사람은 때맞춰 기어이 그를 찾은
더 부지런한 사람들에게 둘러싸여
구역과 구역 사이로 끌려다닌다

머잖아 모두가 뒤엉켜 싸운다
부지런한 사람들이 서로를 향해 소리 지른다

회전문 바깥에서 길 잃은 새들이 작게
줄지어 운다
스스로와 모두를 가엾게 여기는
목숨들이
날개 한번 접지 않고
같은 장소를 맴돈다

강변에 살자

그는 자기가 새라고 했다.

구구구구, 덧붙였다. 같이 한잔 하자고 했다. 내 친구가 죽었거든, 구구구구. 누구도 대답이 없었다. 손피켓과 깃발이 빼곡한 행렬 가운데 그는 서 있었다. 구구구구. 작지도 크지도 않은 목소리로 오른편과 왼편을 골고루 돌아보며 구구구구, 말을 걸었다. 이봐, 너무 빨리 걸을 거 없어. 장거리 싸움일 걸 알잖아, 구구구구. 말이 늘어날수록 옆 사람은 더 빠르게 사라졌다. 그는 혼잣말을 했다. 신경 쓸 것 없다. 사람은 어디에나 있으니까. 새가 어디에나 있는 것처럼. 그는 주머니에서 죽은 새를 꺼내 살살 머리를 쓰다듬었다. 좋아하는구나. 구구구구, 죽은 새가 노래했다.

마음을 사용하면 죽은 새를 들을 수 있었다.
마음을 사용하면 죽은 이와도 계속 친구로 남을 수 있었다.

친구의 몸이 뭉개지기 시작했을 때 그는 다시 나설 채비를 했다. 가지런히 모은 두 손에 친구를 올린 채 넘어지지 않도록 조심하며 걷고 또 걸었다. 산이었다. 강변에 살자는 이야기가 담긴 자장가를 불러주며 그는 오래오래 흐느꼈다. 친구는 어디에나 있다고 말하려는 뭉개진 친구의 말을 그가 가로막았다. 사는 방법을 잊은 것처럼 그날 그는 구구구구, 울지도 않았다.

끓는 얼음골

여기 사람이 살아요 죽어가는 얼굴로 이 말을 해요

우리가 살고 있었잖아
있었잖아

네 발을 가진 나의 이웃들은 척추를 숨길 수가 없어서 사람보다 먼저 스러져가요

숲과 밭과 목숨들 사이에 송전탑이 있는데
그건 매일의 거짓말 같아요

동의 없는 동의서가 떠돌고 설명 없는 설명회*가 열린 뒤였거든요

둥근 등으로 산꼭대기에도 우리는 올랐는데
오래 자릴 뜨지 않고

높게 서로를 깨우고 끌어안고 사랑한 끝이었는데

마음과 마을이 무섭게 갈라졌어요

하지 마세요
그러지 마세요

우리가 이렇게 말라가고 있잖아

내 몸이 증거다

타지에서 온 얼굴은 아무것도 모르는 얼굴로 미끄러지듯 어깨를 틀었어요 언제 왔냐 싶게 빠르게 멀어졌어요 선민의 흰 낯으로 그들은 다른 물을 마셨어요 다른 물을 마시는 다른 몸의 세상은 넘치는 빛으로 젖어 있어요 빛으로 가득해서 보이질 않나 봐요 탑에서 너무 멀리 있어 마르지 않죠 먼 것은 몸보다는 마음이에요 서로의 그림자를 밟으면서 승진과 폭죽과 병목현상과 난폭한 노래 속에 있어요

밀양의 10년, 밀양의 10년,

가늘고 긴 허밍을 부르는 친구는 10년의 싸움으로 얻은 게 무언지 모르겠다고
모두가 떠났다고

남은 얼굴들이 마른 인사를 하고 자꾸 안부를 물어도 고개를 떨궈요

누구도 그림자가 되지 못했다고
자두밭이 사라지는 걸 봤느냐고**

울어요

느리고 붉게 부드러워지던 자두나무는 이제 열매도 없이 웃자라 송전탑을 닮아가요 가시를 세워요

저 가시가 꿈속까지 따라오는구나
저걸 좀 말려주라
가시를 감싸줘
함께 울어줘
가시를 달래줘

충혈된 눈으로 그들은 다른 땅으로 도망쳐 청소 노동자가 되고 건설 현장으로도 갔어요

누구는 떠나는 것만이 살길이라 말하고 누군 죽어도 못 떠난다 말했어요

누군가는 제 몸을 불태웠어요

계속 여기서 살고 싶었다
계속

타는 몸 뒤로도 도시의 빛은 차갑고 흥건했어요

빛이 있어

한쪽은 병들고

한쪽은 마시고 자라고 잠을 자요

내일이 있어
내일은 없을 수 없어

젖은 빛 아래에서 내일 또 자라고 마실 거야

세상 절반의 취한 곤한 잠들이 늘어갈 때 마음 숨은 곳들에 구멍 뚫려요

도시의 땅은 감정 없이

세상의 모든 뜨거운 울음을 가져와 머금어요

뜨거워 견딜 수가 없어요

뜨거워지는 걸 막을 수가 없어요

* 김영희,『전기, 밀양 – 서울』, 교육공동체 벗, 2024. 23쪽 참조.
** 밀양에서 765kV 초고압 송전탑 반대 운동을 하는 남어진 활동가의〈인문약방: 자기돌봄의 글쓰기〉연재 글 중 '2회 버려진 자두밭' 참조.

이상한 곳에서 쓴 편지
— 희음에게

권누리

희음, 이렇게 이름을 부를 수 있어서 참 좋아요. 그날 한낮에 산을 오르던 때. 저는 반도 채 가지 못하고 멈춰 섰습니다. 그래서 희음이 기다리던 곳으로 이동하게 되었어요. 동백나무 군락지를 향하던 중이었지요. 멈춰야 한다는 것을 깨닫기 전부터 이미 발바닥에 작열감이 느껴지고 물에 잠긴 듯 숨이 찼습니다. 소리를 내지르며 나뭇가지를 헤치고 잔가지를 밟으며 나아가는데 눈꺼풀에 땀이 맺혀 앞이 흐릿흐릿했습니다. 거대하고 높고 또 깊은 생명, 숲의 실재에 압도당하는 느낌 역시 저를 움츠러들게 했어요. 머리 위로 햇볕이 내리쬐고 바닥과 앞사람의 등과 뒤통수를 비추고 아름다운 것은 그만으로 아름다웠지만, 가뿐하지도 거뜬하지도 않은 '나의 몸'이 짐짝처럼 이상하게 슬펐습니다.

    그러나 우리의 일정 가운데 멈춰 서고 싶지는 않았습니다. 보여주시려는 모든 걸 직접 보고 경험하고 싶었어요. 곧 할 수 없다는 걸 깨달았습니다. 나는 할 수 없구나. 남은 길은 멀고 더 나아갈 수 없음을 느꼈고, 그걸 알려야 했습니다. 그 순간 부끄러움이 머리 위로 쏟아지는 기분이 들었어요. '또' 실패한 것 같았습니다. 오래전부터 이어지고 있는 여러 집회와 투쟁의 장소, 현장에 함께하지 못할 때마다 느꼈던 면목 없음, 죄책감과 공포, 부채감, 수치스러움과 미안함이 반복되는 기분이었습니다. 그런 때면 자주 아픈 몸을 탈피하고 싶었어요. '잘못된 몸'을 벗어 내동댕이치고 새롭게 살아가길 바라기도 했습니다. 아픈 몸, 통증과 병증을 핑계와 변명 삼아 자책했던 시간이 선명합니다.

    다가온 밤, "우리가 다녀온 숲"(「반딧불이 쪽으로」) 에서 우리는 분명히 수많은 반딧불이를 보았지요. 낮에 올랐던 길과 다른 방향으로 꺾어 올라가는 길은 뜨거운

한낮의 열기가 가셔서인지 비교적 걸음이 가볍고
수월했어요. 어둠에 도무지 익숙해지지 않는 눈을
원망하기도 했으나, 휴대폰 플래시에 의존할 수 있음에
금세 안도했습니다.

    나의 몸을 기준으로 타인의 신체와 경험을 비교하는
일을 정말 그만두고 싶지만, 잘 되지 않았습니다. 그렇게
표현하기 어려운, 혹은 직면하고 싶지 않은 마음을
박리하기 위해 애쓰며 숲길을 걸은 게 얼마쯤이었을까요.
제 앞을 가로질러 옆에서 다시 옆으로 지나가는 반딧불이
한 명을 보았어요. 칠흑을 완전히 배반하는 밝은 빛으로
그를 감각할 수 있었습니다. 단 하나의 빛. 날아간다기보다
떠내려가고 있는 것처럼 느껴지는, 여유로운 포물선을
그리며 그가 이동했습니다. 채도와 명도가 높은 노랑과
연두를 조금씩 섞어둔 듯 명징한 색이 저를 '이상한'
시공간으로 들어 옮겨놓는 것 같았어요.

    우리는 머지않아 상대적으로 넓은 터에 멈춰 섰지요.
빤빤한 데에 멈춰 서 숨을 고르니 그제야 보이는 것들이
있었어요. 앞뒤 양옆, 어디를 둘러보아도 반딧불이를
마주할 수 있었습니다. 몇몇은 쉬지 않고 끊임없이 날았고,
또 몇은 삐죽 내려앉은 풀잎 위 혹은 틈새에서 쉬고 있는
것 같았어요. 어떤 반딧불이는 서 있는 우리 사이로 느긋이
흘러가기도 했습니다.

    그때, "살고 있어.// 있었어.", 그런 "인간의 말이 아닌
말들"을 저도 듣지 못한 채 들은 것만 같아요. 살아 있음의
형형함을 앞에 두고서, "우리가 알고 우리가 기억하는"
그 명백한 존재를 어떻게 부정할 수 있는지 머릿속이
복잡했습니다.

    "국토교통부의 조사보고서 속 이야기"는 제 안에서
후루룩 번역되어 너무 많은 존재의 생존과 실존으로

연결되었습니다. '이상하지 않은' 이들에 의해 손쉽게 지워지고, 잊히고, 검열되고, 무시되고, 미뤄지고, 배제되며 묻히고 죽임당하는 모든 존재를 호명하고 싶었어요. 매향리 갯벌의 알락꼬리마도요와 청다리도요, 화옹지구의 저어새, 과거 쿠니(Koon-Ni) 사격장의 인근 거주 주민, 가덕도에서 본 길고양이, 아직 이름을 알지 못하는 풀과 나무, 벌레들, 월성원전 인접지역 이주대책위원회와 그 지역의 주민들을요.

    도대체 왜 어떤 이들은 "셈해지지 않"고 "울음은 통계에 포함되지 않"(「우는, 맴도는」)는 걸까요. 왜 "몸을 접는 방식으로 항의하는 이들은/ 언제나 가장 먼저 부서"지게 될까요.

    희음, 저는 우리가 함께한 두 차례의 답사 내내 '왜'라는 질문을 되뇌었어요. 구태여 갯벌을 메우고 있는 장면을 보았을 때도, 위험과 파괴를 무릅쓰고 공항을 건설하려는 계획을 듣고서도, 고통의 역사를 충분히 이야기하지 않는 평화기념관에 들렀을 때도, 보상금을 목적으로 지어진 근사한 펜션과 카페를 스쳐 지나면서도, 원전 둘레로 설치된 무의미한 제한구역 펜스를 통과하면서도요. 자본의 논리와 비동물 인간을 중심으로 구성된 풍경을 바라보는 게 무섭고 무력하게 느껴지며 동시에 화가 끓었어요. 감정은 빠르게 순환했습니다.

    슬픔이 낙담을 불러오고, 절망이 분노를 불러왔어요. 그리고 그토록 강렬한 기분을 느낄 수 있었던 건, 그 사이사이마다 함께 발견하고 나누었던 아름다움과 경이 덕분이겠지요. 일방적인 공사를 통해 박은 말뚝인 '라눙'을 경계로 "날개 한번 접지 않고/ 같은 장소를" 맴도는 도요새 무리를 보았을 때는 겁이 날 정도로 참담한 한편, 열렬한 삶이 느껴졌어요. 희음이 아름다움을 발견하는 것 역시 중요한 일이라고 말해주었던 것이 내내 제 마음에 남아 있어요. 어찌나 안도하게 되던지요.

화성습지 답사 일정의 거의 끝에서 한쪽 다리를 접고 고요히 잠든 저어새를 망원경으로 들여다보았을 때, 제 곁에 충만한 평화가 있었어요. 날개에 부리를 묻고 꼿꼿이 선 채 잠든 저어새의 노랗고 흰 여름깃이 빛을 받아 반짝반짝했던 것을 잊을 수가 없어요. 저는 그곳에서 모든 존재가 애초 자신에게 주어진 삶을 방해도 억압도 없이 모조리 살 수 있기를, 무한히 자유롭기를, 위협받지 않고 깊이 잠들 수 있기를 기도했습니다. "왔니.// 괜찮니.// 다치지 않았니.// 어떻게 살았니.// 별일 없었니."(「반딧불이 쪽으로」) 묻고 싶고 또 듣고 싶었습니다. 결국 안부를 건네고 싶었던 것 같아요. 어느 날 희음이 제게 그랬던 것처럼요.

희음의 시를 읽으며 저 역시 이상한 것을 사랑한다는 이상한 고백을 하고 싶었어요. 이상하지 않은 것을 사랑하는 일이 너무 어렵게 느껴진다고요. 그리고 역시 알고 있었어요. 그 산속에 함께하고 있던 누구도 제 탓을 하지 않으리라는 사실을요. 이미 믿고 있었습니다. 동료들이 건네는 "괜찮아요?/ 괜찮아?" 하는 물음으로부터 이미 돌봄받고 있었지요. 아픈 몸은 아픈 대로 이어지겠지만, 이 경험은 저를 오래 나아가게 할 것 같아요. "이끌고 이끌리는// 있고/ 잇는" 풍경 속에서 결국은 모두 "우리"라는 사실로부터 말이에요. 희음에게 불쑥 건네받은 위로를 저는 오래 떠올리고 있어요. 이 모든 일을 같이 할 수 있어서, 우리가 되어 함께 목격하고 발견할 수 있어서 정말 다행입니다.

권누리

습지 일기

다음 생이 있다면.

무엇이 되고 싶으냐는 질문에 또
태어나야 하는지 묻는 사람
그리고 새가 되고 싶다는

사람,
태어나야만 해

앞장서 달아나는 그림자를 따라
멀리멀리 날아보겠다는 뜻이다

그러나 새에게도 디딜 땅이 필요했는데

나는 이곳에서 영원히

착지하지 못할 것

같은 새를 보고 있다

허락하지 않은 일이 일어나고 있는 땅
관목 울타리, 젖은 바닥을 파고 들어간 모습

옮겨진 식물의 뿌리

다리 하나를 접은 채
잠든다

되돌아오는 생애
상상하고

부메랑처럼 새로
태어나야 한다면 눈을 뜨자마자

몸을 가다듬으며 뿡뿡 애옹 깩깩
운다

동티
— 손 없는 날

우리 사이에는 안전하고 깨끗한 물이 흐르고
월요일이 오면 한 번 더 떠나기로 한다

이 물은 몹시 무거워 들 수도 들을 수도 느낄 수도 없다

피아노 위로 내려앉는 먼지처럼
금세 끈적끈적해지는 더께
갇힌 소와 돼지 목소리,
벌써 두 달째 보이지 않는 둥이

믿음처럼

알게 된 이상 잊을 수 없었고

관 바깥에선 다들 미래를 모른 체하고 있다

우리의 이름을 도용한 빛은 재빠르게 떠나
다른 생애를 밝히고 있었다

그런데 둥이는 어디로 갔을까 옆 동네로 이사 간 것일까 아니면 더 멀리
어쩌면 스스로 안전할 수 있고 더 깨끗한

남의 건물 주차장에 앉아 둥이를 부른다
여름밤 공기는 바닥을 치고 벽을 타고 정수리를

울리고

  컵과 시계, 창문이 깨진다

  보이지 않는 둥이

  동의하지 않는 과거로부터 이주를 결심한다
  우리는 우리의 마음과 가까운 희망, 일부를 떼어둔 채

  간다

  나의 일로만 실컷 슬퍼할 수 있는 곳으로

집다운 집

산을 오른다 숲 한가운데,
그보다 조금
더 바깥

미끄러질 때마다 나의 무게를
견디기에는 너무 작은 발을 내려다봅니다

이 발은 내 것이거나 복수의 것
개와 고양이, 고라니
새들의 것. 땀과 기침, 모르는 지붕
이따금 눈물과 묘지의 것

실패하고 살펴보면 경이가 반짝여요

바다는 저쯤

얌전히 머리를 대고 우리 집 생각을 해요

두 명이 누우면 빈틈이 없고
한 명이 누우면
텅 비어 있으며 수만 명이 누우면
조금 든든해지는 기분

한밤중 벌어진 바다의 틈새를
산책의 얼굴들로 꿰어가며

잘 누운 산을 접어 비행기를 만든다

절대 띄우지 마시오.
그렇게 적힌 산이었다

소음 지도

창밖을 내다보면 눈이
마주칠 것도 같네

운동장 개수대 호스를 끌어와 물놀이를 한다
노란 물총에 물을 채우는 사이
등은 축축하고 서로의 양말이 벗겨진다

와장창 웃기 위해서
악을 쓰면 젖은 몸 위로 땀이 흐른다

아름다운 나라를 향하는
비행기가 머리 위로 지난다

알아, 이미 다 아는 소리야

지난 계절에는 낮은 비행이 점거한
연안에서 나를 잃어버렸어

저 멀리 푸른 뼈와 살을 벼려 맨몸이 된
섬의 둥근 무릎.
과녁이 쿡쿡 쑤셔온다. 보는 것만으로

미끈한 낙하산을 덮은 새벽에도
쾅쾅 터지고 번쩍번쩍 빛나고

깃발, 흔들린다

오래 숨어 있던 고요가 천천히 방출되는 오늘

다시 하늘을 올려다보면
깊이 잠든 어린이 구름

아, 여름 방학이 이렇게 끝나가네

세상 꽉 껴안기
— 누리에게

박은지

누리. 너의 이름이 좋아. 누리- 하고 소리 내 발음하면 세상을 꽉 껴안은 기분. 그래서 기쁘지만 또 슬퍼지기도 해. 올여름도 기록적인 폭염이야. 기록적이란 말이 이제 새삼스럽진 않은데, 이 새삼스럽지 않음 속에서 내가 껴안은 세상과 미처 껴안지 못한 세상은 얼마나 사나운 고통을 겪고 있을까. 그런 생각을 하다 보면 마음 한구석이 무너지고 슬퍼져. 그런데 내가 슬퍼할 자격이 있나.

    나는 수질이 깨끗하게 유지되는 수영장에서 매주 화요일, 목요일 수영을 해. 내가 좋아하는 영법은 평영이야. 개구리헤엄이라고도 불러. 평영을 할 때마다 개구리가 된 기분으로 뒷다리를 오므렸다 펴면서 신나게 앞으로 나아가지. 수영장 근처엔 작은 천이 있어. 이곳도 참 깨끗해. 수풀도 보기 좋게 자라고, 물웅덩이에는 낙엽도 없어. 이 깔끔한 곳에서 이상하게도 개구리 울음소리는 들리지 않아. 개구리는 모두 어디로 갔을까. "옆 동네로 이사 간 것일까 아니면 더 멀리/ 어쩌면 스스로 안전할 수 있고 더 깨끗한"(「동티 – 손 없는 날」) 곳으로 간 것일까.

    지난봄, 곧 이사 가야 할지도 모를 새들을 보러 여러 시인과 함께 갔지. 첫 탐조를 너와, 그리고 다른 시인들과 함께해서 좋았어. 근사한 말을 잃고 우와, 우와만 내뱉어도 부끄럽지 않았어. 누리 앞에서는 부끄러울 게 없으니까. 그런데도 우와, 우와 하다 보니 자꾸 부끄러운 마음이 자라나더라. 나는 정말이지 너무 모르고 있었어. 새에 대해서도 아는 게 없었고, 우리 함께 간 화성습지가 어떤 곳인지, 그곳에서 어떤 일이 벌어지고 있는지도[1] 잘 몰랐어.

    그래도 말이야. 몰라서 부끄러운 마음은 잘 가꾸면 힘이 되기도 하니까.

    누리는 어떤 걸 기억하는지 궁금하다. 나는 또 이런 것만 기억하고 있다. 새는 날아갈 때의 소리와 먹이활동을 하러 앉았을 때의 소리가 다르다, 청다리도요는 뽕뽕뽕 하고 운다(튜튜튜로 듣는 사람도 있대), 알락꼬리마도요는 아랫꼬리덮깃에 은빛이 없고 마도요는 은빛이 또렷하다, 검은머리물떼새는 부리가 길고 붉은색이어서 당근부리새라고도 부른다, 새들에게는 여름깃과 겨울깃이 있다, 단정해야 날 수 있다……. 그리고 참 아름답다.

    새라는 새로운 세계를 만나서 새라는 존재를 알아차리고 나니 그제야 보이는 것이 있었어. 나도 그렇고 "다들 미래를 모른 체하고 있다"(「둥티 ─ 손 없는 날」)는 것. 인간은 이미 너무 많은 곳을 차지했으면서, 더 많은 곳을 원하고 있어. 정말이지, 어떻게 인간을 사랑할 수 있을까. 가슴을 내리치다가도, 주변을 둘러보면 "새에게도 디딜 땅이 필요"(「습지 일기」)하다고 외치는 이들이 보여. 정말이지, 어떻게 인간을 사랑하지 않을 수 있어. 결국 나는 인간에서 빠져나오지 못하는 걸까. 그래도 아직은

---

1   1951년 경기도 화성시 우정읍 매향리 일대에 미 공군 사격장이 설치되어 2005년 폐쇄될 때까지 54년 동안 주민들은 폭격 소음과 오폭·불발탄 등으로 고통을 겪었다. 사격장 폐쇄 이후 주민들의 환경 정화 활동으로 매향리와 화성호 일대는 회복되었고, 매향리 갯벌은 습지보호지역으로 지정되었으며 유네스코 세계자연유산 등재 권고를 받았다. 2017년 국방부는 수원 군 공항 이전 후보지로 화옹지구 간척지를 발표했고, 2023년에는 '수원 군 공항 이전 및 경기남부통합국제공항 건설을 위한 특별법안'이 국회에 발의되었다. 같은 해 11월에는 화성호 간척지가 경기국제공항 후보지로 재선정되며 군 공항 이전과 신공항 건설 가능성이 다시 제기되었다. 이 지역은 매년 수만 마리의 철새가 찾는 국제철새이동경로(EAAF) 등재 습지로서 람사르습지 기준을 충족하고 있다. 시민사회는 생태계 훼손과 삶터 파괴를 우려하며 군 공항 이전과 신공항 건설에 반대하고 있다.
    ― "이런 곳에 공항 지을 생각을? 직접 가보면 놀랍니다", 김누리, 오마이뉴스, 2025. 03. 03. 참조.

상심하지 않아. "부메랑처럼 새로/ 태어나야 한다면 눈을 뜨자마자// 몸을 가다듬으며 뽕뽕 애옹 꺅꺅"(「습지 일기」) 울고 있을 누군가를 생각해. 그들이 디딜 땅을 넓혀 놓아야겠다고도 생각해.

부끄러운 마음을 계속 잘 가꾸다 보면 힘이 될 테니까.

새들이 집을 잃지 않았으면 좋겠어. 가덕도 국수봉도 사라지지 않으면 좋겠다. 가덕도 국수봉의 숲을 가로지르던 순간이 생생해. 내가 자주 찾아가는 잘 조성된 숲과는 많이 달랐어. 마음대로 제각기 자라난 나무들, 그 나무를 타고 오르는 덩굴, 옷을 뚫고 들어오는 초피나무의 가시, 산초 냄새, 두 명이 팔을 뻗어 껴안아도 다 안을 수 없던 나무와 나이테가 새겨진 듯한 두꺼운 껍질, 부러진 나뭇가지와 썩은 나뭇가지, 발이 푹푹 빠지도록 쌓인 나뭇잎, 깊이 들어갈수록 어둡고 축축하고 향기로운 숲.

김현욱 활동가로부터 숲이 어떻게 태어나고 어떻게 변화하는지도 들었지. 한해살이풀이 자라다가 여러해살이풀이 자라고, 진달래가 나타났다가, 소나무가 자라고, 소나무의 자리를 참나무가 차지하고, 그러다 박달나무가 더 높이 자란다고. 셀 수 없이 많은 생명이 탄생하고 죽고, 죽음조차 제 역할을 다하면서 숲을 만들어간다고. 그런데 이 자리에 공항이 들어선다고. 이 숲의 신비가 모두 바다 밑으로 들어간다고. 인간은 날고 싶은 걸까, 짓고 부수고 짓고 부수면서 돈을 벌고 싶은 걸까. 이들이 꿈꾸는 미래는 대체 어떤 모습인가. 미래를 꿈꾸기는 하나.

가덕도가 보여주는 장면에 빠져서 누리의 "너무 작은 발"(「집다운 집」)이 미끄러지는 걸 보지 못했어. (나는 이때도 많이 부끄러웠다.) 누리가 동백군락지까지 가지 않고, 나머지 일행이 다녀오기를 기다리겠다고 했을 때

걱정이 된 것도 사실이야. 하지만 속으로는 좀 멋지다고 생각했어. 자신을 살피고 머물 곳을 찾는 것은 실패가 아니야. 오히려 용기에 가깝지. 아쉬움이 있을 수는 있겠지만 역시 실패는 아니야. '반짝이는 경이'를 보았기 때문에 더더욱 그렇다고 믿어. 누리가 그곳에 잠시 머물지 않았다면 이 세상이 "내 것이거나 복수의 것/ 개와 고양이, 고라니/ 새들의 것, 땀과 기침, 모르는 지붕/ 이따금 눈물과 묘지의 것"(「집다운 집」)임을 알지 못했을 거야. 이것을 알게 되어 기뻐.

다시 불러보는 누리. 너의 이름이 좋아. 누리- 내가 껴안은 세상과 미처 껴안지 못한 세상까지 꽉 껴안고 싶다. 내게 '반짝이는 경이'를 나눠줄래? 누리의 작은 발에 겹쳐지는 다른 것들을 계속 보고 싶어. 각자의 방식으로 살아가는 존재들이 서로의 존재를 가능하게 한다는 것을 믿고 싶어. 더 많은 방식이 더 많은 존재를 살릴 거야. 이 믿음을 오래 간직하고 싶다.

2025년 여름 한가운데에서
애정을 담아, 은지.

나가며, 잇는

이 책을 읽게 될 당신께 묻고 싶었습니다. 잘 지내시는지요. 너무 덥거나 춥지는 않았는지요. 어떤 상실에 아파하고 계시지는 않은지, 가끔 미래가 불안해서 조용히 몸을 떨게 되지는 않는지도요.

일상적으로 서로를 생각하는 이런 작은 마음들은, 기후위기 앞에서 여느 때보다 구체적인 감각의 염려가 됩니다. 그것을 슬퍼합니다. 당신도 그런 슬픔을 몸 어딘가에 심어두고 살고 있을 겁니다. 지하차도나 반지하 집에 물이 차 사람이 죽었다는 소식을 듣게 되거나, 큰불이 나 여러 개의 산이 며칠씩 타고 있을 때, 문득 비좁은 철창에 갇힌 동물들이 떠오를 때, 우리는 서로 다른 몸으로 서로 닮은 슬픔을 경유할 것입니다.

알고 있습니다. 이 세계에는 그런 감각을 잘 공유하지 못하는 사람들도 많다는 것을요. 어떤 이들은 아직도 섬을 깎아 공항을 만들고 강을 막아 댐을 지으려고 하니까요. 또 어떤 이들은 그것이 우리가 잘살게 되는 방식이라고 믿고 있으니까요. 고백하자면, 때로는 그 사실이 참담해서 그냥 모두를 미워해버리고 싶어지기도 합니다. 아무것도 모르는 척, 고개를 돌려버리고 싶은 마음이 당신께도 있나요? 고개를 돌리면 더는 무엇도 알지 않아도 되고 그래서 더 아프지 않을 수도 있을까 하는 마음이요.

그런데, 살고 있는 것들이 있습니다. 원치 않는 훼손, 죽음, 오염의 앞에서 살고 있는 것들이 있습니다. 만약 고개를 돌렸을 때 아무 일도 일어나지 않는 듯한 세상이 정말 있다면, 거기에는 분명 그들의 자리가 없을 것입니다. 화성습지의 새들, 가덕도의 동백 군락과 반딧불이들, 핵발전소에서 사용한 물이 안전하다는 것을 홍보하려고 양식되는 경주 월성원전의 물살이들. 그리고 거기에서 공존을 위해 싸우는 사람들.

그 존재들을 직접 마주해 오래 응시하고 있으면 역시 아프고 죄스러워집니다. 그러다가 그들의 아름다움을 애틋하게 발견하게 됩니다. 그러면 또 고통에서 아름다움을 본 것이 부끄러워지기는 합니다만 고개를 돌리려는 마음은 차마 갖기 어렵게 됩니다. 도리어 당신께 들려주고 싶은 이야기가 떠오르고, 다른 감각을 가진 이들에게도 전하고 싶은 말이 생깁니다.

환경운동연합은 오랜 시간 동안 그것들을 '운동의 언어'로 말해 왔습니다. 단체 성명을 내고, 집회를 열고, 농성장을 차렸습니다. 조사보고서를 만들고, 소송을 하고, 정부나 국회를 찾아가 한참 그들을 설득하기도 했습니다. 그런데도 지키지 못한 것이, 상실하고 만 것이 너무 많습니다. 다른 언어가 있었다면 그 발전소가 지어지지 않았을까, 그 숲이 아직 거기에 있을까, 생각했습니다. 더 많은 당신들께 그 이야기를 전할 수 있었다면, 우리의 감각이 더 가깝게 연결되어 있었다면 말입니다.

여덟 명의 시인께 함께 '기후 시'를 만들어보길 제안했습니다. 기후 운동에서도, 문학장에서도 여태 그런 명명은 없었습니다. '생태 시'나 '환경 시'가 아닌, '기후 시'. 작은 차이일지도 모르지만 지금은 그 작은 차이를 밝히는 것이 중요할지도 모르겠습니다. '생태'나 '환경' 담론도 인간의 삶이 그것들과 긴밀하게 엮여 있다는 것을 말해 왔지만 기후위기 시대의 감각은 그보다 더 짙은 '연루됨'[1]에 닿아 있기 때문입니다.

인간종 중심의 관점에서 인간 삶의 도구나 기반으로서 자연을 바라보는 것이 아니라, 타자의 파괴가 곧 나의 파괴를 초대하고 있다는 것과 나의 위기가 타자의

---

1 한연희 시인의 시 「제한구역 알림」에서 시어를 빌려왔다.

위기를 초래하고 있다는 것. 그것이 생물 종 사이의 차별, 인간 내 계급의 위계, 젠더·장애·연령·중앙 – 지역 등의 권력관계로 작동하고 있다는 것. 자본주의나 성장지상주의의 모순 속에 그 위기가 있고, 우리 몸이 그것을 관통하고 있다는 것. 기후위기 앞에서 이런 '깨달음'들은, '감각'으로 유례없이 선연해집니다.

    시인들과 함께 답사한 세 곳의 현장은 아이러니로 가득 차 있었습니다. 화성습지에서는 온실가스를 흡수하는 동시에 도요새들의 쉼터가 되는 '비식생 습지'를 굳이 훼손해 '염습지'로 전환하는 공사 현장을 보았습니다. 유엔이 비식생 습지를 온실가스 흡수원으로 인정하지 않기 때문에, 오로지 통계적 인정을 위해 생태계를 파괴하는 것이었습니다. 공사로 인해 쉼터에 내려앉지 못한 도요새들은 한참 동안 허공을 헤맸습니다. 경주 월성원전도 비슷합니다. 핵발전소는 다량의 핵폐기물을 만들고 방사성 오염으로 인한 지역 주민들의 고통을 강요하지만, 온실가스 배출량이 적다는 이유로 기후위기 시대의 '친환경' 에너지원이라고 스스로를 홍보하고 있습니다. 지역 균형발전이라는 미명으로 섬과 바다를 부수어 공항을 지으려는 가덕도는 또 어떤가요.

    이런 미묘한 파열들은 기후위기 시대에 우리가 서로 어떻게 연루되어 있는지를 반추하게 합니다. 기후위기를 극복한다는 말이나, 경제성과 균형발전이라는 말로 타자를 파괴하는 일에 대해서. 그리고 그런 일은 대개 서울의 바깥, 약자들의 삶터에서 일어난다는 것에 대해서. 생각해보면, 그런 모순은 너무나 일상적으로 우리 사회를 구성해 왔으므로 우리의 삶도 그 폭력에 일정 정도 가담해 있는지도 모르기 때문입니다.

    그리고 이러한 깨달음은 이내 '살리는, 사는 언어'[2]를 고민하게 합니다. 폭력으로 연루되는 것이 아니라, 살림으로 연루되기 위해서 말입니다.

이러한 동시대의 감각을 여덟 명의 시인이 온몸으로 눌러써주었습니다. 이렇게 '기후 시집'을 엮어 당신께 전합니다. 이 글은 시집의 맨 끝에 있습니다. 여덟 개의 감각과 언어를 통과해 온 당신도 누군가에게 하고 싶은 말이 생겼기를 바랍니다. 덜 두렵고 덜 아프게 되었기를 바랍니다.

이 시집에서 미처 이야기하지 못한 많은 현장이 있습니다. 석탄화력발전소가 밀집한 지역이나 댐에 막혀 고인 물이 썩어가는 강, 고래와 물살이에게 위험한 바다. 시를 들여다보는 마음으로 그 현장들도 살펴주시기를 조심스럽게 부탁하고 싶습니다. 거기에 우리와 함께 살고 있는 것들이 있습니다.

환경운동연합

---

2 윤은성 시인이 첫 기획 회의에서 나눈 고민의 말을 빌려와 변형했다.

후원자 목록

nonbeing
감자
강소영
강은혜
강지이
강하영
경주숲을
권경숙
권누리
권세은
그린
기린
김경린
김경일
김경해
김누누
김누리
김다솜
김민우
김민호
김보라
김보미
김서현
김선
김성환
김소연
김수연
김승원
김여욱
김연옥
김영미
김용희
김웅기
김은정
김이섬
김재혁
김주은
김지령

김지은
김찬미
김채연 김혜연
김태희
김하경
김혜미
나선영
나윤
나혜민
날개
단미
동방자가사리
루미너스
리숲듬
릴리킴
마루룽
마윤지
모난
모코롱
몰라
문국
물결서사
미래
민경
민지형
박부미
박상현
박수홍
박시현
박연
박우진
박지영
박지홍
박하신
박혜준
박희주
반짝
밝은책방

백아온	오현선
부민경	오현주
비모	오현화
빈플다윗데보라	온
서라영	유자
서봉순	유철훈
서투루	유현아
석류	윤세종
선우승범	윤소라
섭섭	윤이혜인
성북동글방희영수	윤조
성혜현	윤지양
세민	은수
세원	은숙C
손서정	은혜
송병현	은호청연
송섬별	이강호
송정원	이건주
송지연	이경수
송희지	이동현
수달	이명하
슬로	이병국
신시아	이새해
신여성	이서아
신유보	이설아
ㅇ혜정	이성홍
안경미	이세린(글리)
안덕희	이소연
안재훈	이소현
애매한언니들	이수희
양경언	이시은
양은희	이안
에트르	이영경
여명	이예슬
연세마음편한치과	이온유
연정모	이유슬
영	이윤경
오래	이윤서

이의준
이인현
이종원
이주빈
이주혜
이준태
이지민
이하윤
이혜진
이효주
이희우
익명
임경주
임서윤
임승유
임승재
임준형
자바
잠보
장동준
장말난
장새미
전솔비
전승민과 전호두
정글핌피
정민희
정범균
정서현
정윤서
정윤호
정의정
정주리
정진아(봄)
정진영
정한철
정호연
제님
조대한

조소민
조순영
조안제제
조윤숙
주민현
준짱
지선영
진영
진예원
찌니
채경민
책방로파이
책빵고스란히
천주섭리수녀리회 J
초롱
최민우
최성희
최준호
최지원
최현지
츈츈
코현주
하슾
하혁진
한금서
한빛샘
허경숙
호호
화진·하경맘 진경
황사랑
황선희
황시연
황혜림

여름, 연루

초판 1쇄 펴낸 날
2025년 9월 9일

지은이
권누리 마윤지 박은지 윤은성 윤지양 정재율 한연희 희음

기획 / 협력
권우현 손영

편집 / 교정·교열
희음

편집 자문
김장환

디자인
유연주

펴낸 곳
도서출판 빠마

출판등록
제2018-000057호

전자우편
ssgene00@daum.net

ISBN 979-11-965811-4-5 (03810)

책값은 뒤표지에 표시되어 있습니다.
책 내용의 일부 또는 전부를 이용하려면
저작권자와 빠마의 동의를 받아야 합니다.

표지에 사용한 삼화제지의 '페이퍼 백 30'과 내지에 사용한 한솔제지의 '클라우드'는 모두 FSC 인증(지속가능한 숲의 원재료로 만들어졌음을 보증) 펄프 및 무염소 표백(ECF) 펄프를 사용한 친환경 종이입니다. 표지의 '페이퍼 백 30'에는 재활용 섬유가 30% 포함되어 있습니다.